2001.e.20. 05. 04.1235

MÉMOIRE

A l'appui de la SOUMISSION faite par M. MONNIER, négociant, demeurant à Lyon, DE CONSTRUIRE UN PONT SUR LA BIENNE au point de Jeurre, pour la communication entre les deux routes départementales de Saint-Claude à Dortan, et de Moyrans à Saint-Claude.

———————◦◦⦿◦◦◦———————

LA ville de Moyrans se propose d'ouvrir une communication de la route de Lons-le-Saunier à Saint-Claude, à celle de Saint-Claude à Lyon par le village de Jeurre. Cette nouvelle route a été tracée, les travaux ont été commencés et sont déjà avancés ; mais, pour l'exécution définitive de ce projet, d'une utilité incontestable, et qui honore le patriotisme de la ville de Moyrans, il est nécessaire de jeter un pont sur la Bienne.

Le besoin d'un pareil établissement se fait sentir depuis bien long-temps. Plusieurs projets avaient été conçus, mais les circonstances où s'est trouvé le Gouvernement, qui devait en faire les frais, en ont empêché l'exécution ; et la pénurie des ressources des communes, qui devaient participer plus immédiatement à ses avantages, ne leur a pas permis une telle entreprise.

Pour seconder les généreux sacrifices de la ville de Moyrans, et répondre aux vœux empressés de ses concitoyens, M. JEAN - LOUIS MONNIER, originaire de JEURRE, négociant, demeurant à Lyon, a fait la soumission d'établir à ses frais, d'entretenir à ses périls et risques pendant 80 ans, et de rendre en bon état d'entretien à l'expiration de ce terme, un Pont suspendu sur la Bienne, au village de Jeurre, moyennant la concession d'un péage dont le tarif a été joint à sa soumission, avec la condition, toutefois, qu'il ne pourra être établi d'autre pont à péage sur la même rivière, au *point d'Epercy*, qui est une section de la commune de Jeurre.

Une société d'actionnaires s'est formée à Epercy, pour établir ce pont en ce dernier endroit, aussi moyennant un péage, dont le tarif est joint à sa soumission.

Deux projets d'établir un pont sur la Bienne, pour correspondre à la nouvelle route projetée par la ville de Moyrans, sont donc présentés et soumis à la sanction du Gouvernement. Lequel de ces deux projets mérite la préférence ? La raison et la justice répondent que c'est celui qui présente le plus d'avantages au plus grand nombre et qui exige le moins de sacrifices de la part des habitans appelés à en profiter.

Pour bien apprécier le mérite de ces prétentions respectives, il convient d'examiner d'abord la position topographique des lieux ; consulter ensuite les enquêtes volumineuses qui ont eu lieu, sur les avantages et les inconvéniens attachés à chacune des localités. C'est la tâche que M. Monnier va essayer de remplir. Il la divisera en trois paragraphes : Dans le premier il s'occupera de la position topographique ; dans le second, des enquêtes ; et dans le troisième il fera quelques observations sur la requête ou le mémoire des adversaires de son projet.

§ I.er

Position Topographique.

Il est essentiel en premier lieu de fixer son attention sur les points où, d'après les prétentions respectives, doit être établi le pont. Ce point est marqué par la lettre A, pour Jeurre, et par la lettre E, pour Epercy, sur la carte dressée par M. Dalloz, architecte-géomètre, que M. Monnier met ici sous les yeux de l'autorité.

Quelles sont les communes de l'arrondissement de Saint-Claude (on parlera des autres plus tard) qui ont et qui peuvent avoir le plus de rapport avec l'un ou l'autre des points indiqués? L'inspection seule de la carte, dont l'exactitude ne peut être contestée, ne peut laisser, à ce sujet, aucun doute réel.

Ainsi, toutes les communes situées au levant de la rivière, depuis Vaux jusqu'à Longchaumois, sont plus rapprochées du point A, et par conséquent plus intéressées à ce que le pont soit établi à Jeurre, plutôt qu'à Epercy, parce qu'il est de toute évidence, que le pont en ce dernier lieu, leur serait absolument inutile. Mais parmi ces communes, il en est un grand nombre qui ont un intérêt plus immédiat à ce que le pont soit placé à Jeurre, parce qu'elles y trouveront plus de commodités et de facilités pour leurs communications fréquentes avec Moyrans, Orgelet, Arinthod et le pays vignoble d'où elles tirent leur subsistances, que d'aller passer au pont du Lizon, essuyer les montées longues et rapides de la Vignettes et de Pratz, et s'exposer même à être retenues en route, en hiver, par les neiges qui obstruent le passage dans la gorge de Cuenant; telles sont les communes de Vaux, Chiriat, Molinges, Chassal, Larivoire, Vulvoz, Choux, Rognat, et Viry même dont le conseil municipal a cependant voté, sous une influence étrangère sans doute, pour le pont d'Epercy, contre les intérêts de sa commune, et contre ses précédentes délibérations; ainsi qu'on le démontrera à la suite.

On ne saurait contester que les autres communes, telles que Saint-Claude, Septmoncel, les Molunes, Chaumont, Cinquétral, Longchaumois, Valfin, la Rixouse, les Bouchoux, Belle-Combe, Coyrière, Coyserette, le Villard-St.-Sauveur, avaient un intérêt réel à ce que ce Pont soit construit à Jeurre. A la vérité leur intérêt n'est pas aussi pressant et aussi immédiat que celui des communes qu'on vient de citer, parce que, dans les temps ordinaires, elles ont, pour conduire leurs fromages et leurs marchandises dans le pays vignoble, et en ramener les objets nécessaires à leur consommation, les routes de Lons-le-Saunier, par Moyrans, ou par Clairvaux. Mais pendant une partie de l'hiver, ces routes sont impraticables aux voitures, par la quantité de neige dont elles sont encombrées, surtout dans la gorge de Cuénant, sur la route de Moyrans, et aux Crosets, sur la route de Clairvaux. C'est alors que se présentent pour ces communes, les avantages d'un Pont à Jeurre, qui leur offre un trajet un peu plus long en apparence (dans le fait il est à peu-près le même), mais une route plus commode et toujours ouverte.

Par cette route, les messageries, le transport des dépêches, venant de Lons-le-Saunier, n'éprouveront jamais de retard; inconvéniens qui se rencontrent souvent, en hiver, sur la route actuelle. Cette circonstance mérite bien, sans doute, quelques égards, surtout si l'on considère que l'on est souvent obligé de recourir à des voies extraordinaires pour ouvrir la route. Une autre raison encore, et qui tient à l'intérêt général, c'est que l'arrondissement de Saint-Claude étant placé à l'extrême frontière, il peut devenir nécessaire d'y faire passer des troupes, en cas de guerre. Alors, la route projetée avec le Pont à Jeurre, présenterait les plus grands avantages et les plus grandes facilités pour le passage des troupes et tous les convois militaires. On peut ajouter, avec assurance, que ce nouveau débouché favoriserait singulièrement les opérations militaires, en cas de besoin. Ces raisons, d'un poids grave dans la balance, n'échapperont pas à l'attention du Gouvernement.

Il ne faut pas croire que les communes que l'on vient de citer soient seules appelées à recueillir les avantages d'un Pont à Jeurre. Il en est beaucoup d'autres qui, quoique situées au couchant de la rivière, devront y participer, et particulièrement Lavans, peuplé de voituriers qui vont ordinairement charger, dans les foires et marchés de Lons-le-Saunier, Blettrans, Orgelet, Arinthod, Moyrans, les bleds que les marchands de grains y achètent pour l'approvisionnement des marchés de Saint-Claude, et les vins destinés à la consommation. Ils n'iront pas, sans doute, passer à Jeurre, pour faire leur chargement, mais ils profiteront de la nouvelle route pour revenir, avec leurs voitures chargées, plutôt que de suivre l'ancienne, qui n'est pas moins longue et qui est plus difficile, surtout en hiver.

Maintenant quels avantages n'en résultera-t-il pas pour les communications des cantons de Moyrans, Orgelet, Arinthod, et pour tout le pays vignoble, et d'où l'arrondissement de Saint-Claude tire toutes ses subsistances et par où s'écoule une partie des produits de l'industrie de cet arrondissement!

Tous les avantages que l'on vient d'énumérer, et résultant de la cons truction d'un Pont à Jeurre correspondant à la route projetée, sont constans et ne sauraient être contredits de bonne foi. Il suffit de jeter un coup-d'œil sur la Carte, pour en être convaincu.

Voyons actuellement quels avantages peuvent résulter, pour le public, de l'établissement du Pont à Epercy.

Vainement cherche-t-on sur la carte une seule commune de l'arrondissement qui ait un intérêt non réel, mais même apparent, à ce que le Pont soit établi en cet endroit plutôt qu'à Jeurre. On fait valoir très-haut cependant les intérêts des villages de Lavanciat et Siéges, Viry et Chanciat; les relations commerciales de Montcusel, Grand-Serve, Nézen avec Dortan.

Quelques réflexions suffiront pour prouver que ce prétendu intérêt n'est qu'imaginaire. On s'abstiendrait même de toutes observations, si l'Autorité pouvait avoir une connaissance exacte des lieux.

Siéges est situé sur un plateau au levant de Lavanciat et ne peut arriver sur le territoire de cette dernière commune, ou de Rhien, qui en est une section, que par un chemin en très-mauvais état et par une pente extrêmement rapide. Lavanciat-Rhien touche presque à la grande route de Saint-Claude à Lyon. Cette route est actuellement celle que Siéges et Lavanciat-Rhien doivent suivre pour arriver par Jeurre à la jonction de la nouvelle route. Il est vrai que cela allongerait le trajet de 8 à 10 minutes. Voilà tout l'avantage qu'auraient ces deux communes à ce que le Pont soit établi à Epercy, plutôt qu'à Jeurre. On a donc eu raison de dire que cet intérêt n'était qu'imaginaire. On verra dans la suite de ce Mémoire, combien il en coûterait, pour satisfaire cette petite fantaisie.

On a déjà dit que la commune de Viry était intéressée directement à l'établissement du Pont à Jeurre, et qu'en votant, sous une influence étrangère, pour le Pont d'Epercy, le Conseil Municipal n'avait pas craint de sacrifier, du moins de compromettre d'une manière grave les intérêts de sa commune. C'est ce qu'il est facile de prouver.

En effet, on sera bientôt convaincu par l'inspection des lieux que, pour arriver à la route de Saint-Claude à Lyon, qui conduit de Molinges au pont du Lizon, route de Saint-Claude à Lons-le-Saunier, il n'a d'autre chemin que celui pratiqué par le Mont de Rognat. Ce point de fait convenu, il est sensible qu'un pont à Epercy ne peut lui être d'aucune utilité, et que celui de Jeurre lui est, au contraire, très-avantageux, par la raison qu'il rend ses communications avec Moyrans, Orgelet, Lons-le-Saunier, beaucoup plus courtes et plus faciles que par le pont du Lizon. On convient que le Mont de Rognat, pour arriver de Viry à Molinges, a besoin de réparations et de rectifications.

Aussi, au mois de juin 1831, les communes de Molinges, Rognat et Viry prirent-elles des délibérations pour parvenir à ce but, et, chose remarquable, Viry fit même des acquisitions de terrain, pour l'exécution de ce projet. Une enquête de *commodo* et *incommodo* fut ordonnée par l'administration et exécutée les 12 et 13 décembre suivant. On ignore ce qui en est résulté; mais les pièces doivent être à la Préfecture ou à la Sous-Préfecture, on peut les consulter. Quoi qu'il en soit, Molinges et Rognat ont déjà reçu du Gouvernement un secours de 400 f. pour être employé à la rectification du Mont. Viry comptait sur l'établissement du pont à Jeurre, il devait jouir de ses avantages, et il faisait des sacrifices pour y arriver.

Comment concilier ces faits avec le vote émis, dit-on, par le conseil municipal? comment se persuader que la commune de Viry, engagée comme elle est par ses délibérations précédentes et par ses intérêts bien entendus, veuille encore s'ouvrir, à grands frais, une nouvelle route pour communiquer, par Siéges, au pont d'Epercy? Comment n'a-t-elle pas prévu que cette route lui serait presque habituellement interdite? A-t-elle ignoré, elle qui est voisine de Sièges, qu'il se passe peu d'années que l'interdiction ne soit jetée sur le bétail à cornes de cette dernière commune? Si elle a pu l'ignorer, les actes de l'administration n'ont-ils pas dû le lui apprendre? Elle a dû comprendre dès-lors toute l'inconséquence de son vote, sur-tout si on considère que ses attelages étant, en général, composés de bœufs, elle ne pourrait passer, sans infraction aux lois et règlemens, sur le territoire de Siéges, pour arriver au pont d'Epercy.

Chanciat a ses relations habituelles et nécessaires avec Montcusel, sa parroisse, Moyrans son chef-lieu de canton, et Saint-Claude son chef-lieu d'Arrondissement; pour communiquer avec ces diverses localités, un pont à Epercy lui est de toute inutilité ; un pont à Jeurre lui est nécessaire pour ses rélations avec le chef-lieu de l'Arrondissement.

Mais , dira-t-on, Chanciat est voisin de Dortan ; il a avec ce dernier lieu des rapports qu'il convient de favoriser. Tous les rapports de Chanciat avec Dortan peuvent se réduire à la vente de quelques tonneaux de vin de son vignoble. On ne pense pas que cette commune soit tentée d'entreprendre , à grands frais , un chemin le long de la rivière , exposé aux inondations, pour arriver au pont d'Epercy , pour un intérêt si modique , avec d'autant plus de raison qu'aujourd'hui , comme auparavant , la rivière est guéable , ou qu'on peut la passer avec la barque qui est établie.

Quant à Grand-Serve et Montcusel, il est difficile de croire que leurs affaires de commerce avec Dortan , qui est leur *nec plus altrà* , ainsi que nous l'apprennent plusieurs dépositions, exigent tout exprès la construction d'un pont à Epercy. Il y a, dans ces deux villages qui ne forment qu'une seule commune, deux ou trois colporteurs que l'exemple de leurs prédécesseurs n'a pas corrigé , qui vont empletter quelques grosses de moules de boutons, quelques douzaines de cuillers en bois , et quelques menus articles de quincaillerie qu'ils vont colporter dans les foires et marchés voisins. Là se bornent toutes ces relations commerciales.

Quant aux autres rapports de ces villages avec Dortan, on ne sait pas trop en quoi ils pourraient consister , car ils n'alimentent pas les marchés de Dortan de l'excédent de leurs denrées , ils récoltent à peine pour leurs besoins. Ils n'ont pas de bois à y conduire , puisque leurs coupes affouagères sont au-dessous même de leur nécessaire. Ainsi, il **leur** est parfaitement indifférent qu'il y ait ou qu'il n'y ait pas un pont à Epercy, mais il ne leur est pas aussi indifférent qu'il y en ait un à Jeurre , parce que , en ce dernier lieu, il leur sera utile pour leurs communications avec le chef-lieu de l'arrondissement.

D'après les détails dans lesquels on vient d'entrer , il est de la dernière évidence , que la plus grande partie des communes de l'arrondissement de Saint-Claude est intéressée, à ce que le pont soit établi à Jeurre. Toutes y ont un intérêt marqué, plus ou moins direct, à la vérité, même celles qui sont les plus rapprochées d'Epercy. Il n'est pas moins évident qu'un pont, placé en ce dernier lieu, serait absolument inutile à toutes ces communes. C'est cependant l'intérêt du pays qu'il faut consulter d'abord, parce que, c'est dans cette vue, que la ville de Moyrans et la section de Jeurre font de si grands sacrifices.

Mais voyons si Dortan et les communes environnantes du département de l'Ain, dont on embrasse la cause avec tant de zèle et de chaleur, ont un intérêt réel à ce que le pont soit construit à Epercy, plutôt qu'à Jeurre, et si cet intérêt peut entrer en parallèle avec les dépenses énormes qu'occasionnerait l'ouverture d'un chemin depuis Epercy au moulin Riottier. On regrette de ne pouvoir mettre sous les yeux de l'Autorité le plan topographique de ces communes. Mais il suffira de faire remarquer que, pour arriver au pont d'Epercy, toutes n'ont pas d'autre route que la route Départementale de Lyon à Saint-Claude. C'est un fait qu'on ne saurait contester, ni démentir.

Arrivées à ce point, elles passeront le pont pour suivre, à la rive droite de la rivière, une route périlleuse, comme on le démontrera plus tard, et qu'il faudra construire à très-grands frais, pour atteindre la route projetée par la ville de Moyrans, au moulin Riottier. Qu'on jette les yeux sur la carte, on y verra la position de Dortan où doivent nécessairement aboutir toutes les communes du département de l'Ain qui voudraient profiter de la nouvelle route. Qu'on examine consciencieusement les localités, et il ne sera pas difficile de se former une opinion juste et éclairée.

Pour arriver de Dortan au point E (Epercy), il faut parcourir la grande route de Saint-Claude à Lyon; pour arriver au point A (Jeurre), il faut parcourir la même route. L'inspection de la carte suffit seule pour indiquer la différence du trajet. Comme on l'a déjà remarqué, pour arriver par la grande route actuelle en passant par Jeurre, au point C (moulin Riottier), le trajet serait plus long de huit à dix minutes environ. On ne gagnerait donc que cet espace en passant par Epercy. Mais d'un côté il y a une route faite et bien entretenue; de l'autre, il faut ouvrir une route dispendieuse, à travers des rochers et des gorges qui la rendront périlleuse pour les voyageurs, ainsi que l'attestent les enquêtes dont on

aura

aura bientôt occasion de parler, et ainsi que cela peut être, au besoin constaté par une expérience de gens de l'art.

Mais qui fera les frais de cette entreprise ? On a lieu de croire que les actionnaires du pont d'Epercy s'y regardent comme absolument étrangers ; car ils ne font pas la moindre soumission à ce sujet. Ils espèrent sans doute qu'on forcera les communes à y concourir. Mais les communes ont pour tuteurs des administrateurs sages et éclairés, économes, avares même des deniers des contribuables, qui, non-seulement ne les forceraient pas à de tels sacrifices, pour des avantages purement imaginaires, mais encore qui désapprouveraient le zèle inconsidéré de celles qui, de leur plein gré voteraient ces sacrifices.

Il doit donc demeurer pour constant, que toutes les communes de l'arrondissement de Saint-Claude, des cantons d'Orgelet, Arinthod, Lons-le-Saunier qu'on a citées, ont un intérêt réel et évident à ce que le pont à construire soit établi à Jeurre, attendu que celui proposé à Epercy leur serait absolument inutile. Il n'est pas moins constant que les communes environnantes du département de l'Ain n'ont point d'intérêt à ce que le pont soit établi à Epercy plutôt qu'à Jeurre, ou que cet intérêt est si minime qu'il n'est pas à considérer, puisqu'elles peuvent profiter du pont de Jeurre sans s'engager à aucune dépense, et sans autres charges que les droits de péage qu'elles payeraient de même à Epercy.

Quels motifs ont donc pu mettre ces communes en mouvement ? Disons-le avec franchise : l'intérêt personnel des nombreux actionnaires d'Epercy.

L'intérêt général exige donc que le pont destiné à favoriser les communications par la route projetée, soit établi à Jeurre.

Voyons maintenant si les intérêts de pure localité peuvent apporter quelques modifications à cette opinion, et s'ils ne tendent pas au contraire à la fortifier. Peu de mots suffiront pour établir cette proposition.

La rivière de Bienne partage en deux le territoire de Jeurre : la moitié au moins est située au levant de la rivière. Tous les habitans de ce village y possèdent des propriétés ; les coupes affouagères et communales qui s'étendent jusques aux territoires de Siéges et de Lavanciat sont situées du même côté. Plusieurs habitans de Vaux et Chiriat possèdent des propriétés au couchant, la commune même y possède des bois. Pour l'exploitation de ces diverses propriétés, les uns et les autres sont obligés de traverser la rivière à gué, ce qu'ils ne peuvent faire lorsque les eaux sont élevées ; et si elles restent plusieurs jours en cet état, leurs récoltes sont exposées à périr sur le terrain.

Le territoire d'Epercy ne forme qu'une masse située au couchant de la Bienne. Quelques habitans ont des propriétés, mais de peu d'étendue, au levant sur le territoire de Lavanciat. Les habitans de cette dernière commune ne possèdent rien sur le territoire d'Epercy, quoiqu'on les fasse intervenir dans la discussion comme intéressés, sous le rapport de l'exploitation de leurs terres.

Quelques particuliers de Dortan possèdent, il est vrai, quelques propriétés au territoire d'Epercy. Ils les exploitent ordinairement par le gué de la rivière, lorsque les eaux sont favorables, ce qui leur est plus avantageux, parce que leur trajet est plus court ; et lorsque les eaux s'opposent à ce moyen, ils ont le bac, comme ceux d'Epercy pour les terres qu'ils exploitent au levant de la rivière, sur le territoire de Lavanciat. Si d'ailleurs ils pensent que ces propriétés soient assez importantes pour avoir besoin d'un pont, rien ne s'oppose à ce qu'ils en construisent un sur leur territoire.

D'après cet exposé, appuyé sur des faits positifs, à laquelle des deux localités est-il plus avantageux et même plus nécessaire d'avoir un pont ? Si les actionnaires du pont d'Epercy sont sincères et de bonne foi, c'est à eux de répondre ; pour tous autres, la réponse ne saurait être douteuse.

L'intérêt public, l'intérêt local, tout concourt donc à ce que le pont soit établi à Jeurre. Voyons maintenant, si les enquêtes sont favorables à ce système.

§ 2.

Enquêtes.

Des enquêtes telles qu'il est rare d'en voir pour un objet de la nature de celui dont il est question, ont été faites avec la plus grande

(11)

publicité. Elles ont commencé le 16 octobre 1831, et ont été closes le
2 novembre suivant. Mais, comme si les déclarations de 879 témoins
eussent été insuffisantes pour statuer sur la question soumise à
l'Autorité, elles ont été reprises le 3 janvier, et continuées au 27.

Si la question devait se décider par le nombre des dépositions
favorables, la décision ne saurait être douteuse, puisque, sur 2216
témoins, 1401 se sont prononcés pour le pont de Jeurre. Mais si la
moralité des témoins, leur position sociale, les fonctions qu'ils exercent;
le rang qu'ils occupent dans la société, leur expérience, l'absence de
tout intérêt privé, l'estime et la confiance dont ils jouissent parmi
leurs concitoyens, méritent une attention particulière, de quel poids
ne seront pas dans la balance, les déclarations des nombreux témoins
qui ont exprimé leur opinion en faveur de Jeurre, avec la plus rigou-
reuse impartialité. Les partisans du projet d'établir le pont à Jeurre
n'ont ien à envier, sous ce rapport, aux actionnaires du pont d'Épercy (a).

On ose à peine ouvrir ces énormes cahiers d'enquêtes. Il faudra à
l'Autorité toute la patience dont elle est capable, tout le zèle dont elle
est animée pour la justice et le bien public, pour les lire, les méditer
attentivement, en comparer les dépositions entr'elles, en saisir les
motifs et leurs rapports, et toute sa sagacité pour en faire une juste
application.

On négligera de rapporter les déclarations d'un assez grand nombre de
témoins qui se sont bornés à émettre leur vœu en faveur du projet de
Jeurre, sans en expliquer les motifs, persuadés avec raison, que les
localités parlaient assez haut elles-mêmes; que leur langage devait être
compris, et qu'il était assez concluant pour les dispenser de détails qui
n'auraient fait que grossir les cahiers, déjà trop volumineux, des enquêtes.

On s'attachera principalement, d'abord aux déclarations qui ont rapport
à l'intérêt général; ensuite à celles qui se rapportent à un intérêt moins
étendu, mais non moins important, celui du pays; enfin à celles qui
se rapportent à l'intérêt purement local.

Les dépositions qui se rattachent à l'intérêt général, se présentent
donc en premier ordre. De ce nombre sont particulièrement celles des
194ᵉ, 947ᵉ, 956ᵉ, 957ᵉ, 959ᵉ, 1006ᵉ, 1157ᵉ, 1497ᵉ, 1627ᵉ témoins, qui,

Intérêt
général.

(a) Voir à la fin la récapitulation des enquêtes.

d'accord avec les localités qu'il ne faut jamais perdre de vue, sont unanimes sur les avantages qui résulteraient de l'établissement d'un pont à Jeurre, pour lier la route de Lons-le-Saunier à celle de Lyon, par le nouveau chemin entrepris par la ville de Moyrans. Ce point offrira la voie la plus prompte et la plus sûre, pour l'expédition des dépêches, pour les messageries, les passages de troupes, les transports ou convois militaires, le service des douanes. Prenons seulement quelques-unes des dépositions sur chacun de ces objets.

Postes et Messageries. Le sieur Duparchy (194ᵉ témoin) chargé depuis 17 ans des dépêches de Saint-Claude à Lons-le-Saunier, rend compte : « Que tous les hivers, » il a rencontré de graves inconvéniens depuis Lizon jusqu'à Moyrans; » que plusieurs fois, dans le courant d'un hiver, il a été forcé de laisser » sa voiture en route, de prendre des hommes pour battre la neige et » lui frayer le chemin, et de porter à dos les dépêches; que la route » de Saint-Claude à Jeurre, et de Moyrans au même lieu, n'offrirait » jamais de semblables embarras. »

Sur le même objet, M. Reymondet, directeur de la poste au bureau de Saint-Claude, s'exprime en ces termes : « Qu'étant directeur des » postes à Saint-Claude depuis le 6 janvier 1813, il a vu constamment » les courriers retardés en hiver, et que ce retard a presque toujours » été causé par la difficulté de la route actuelle depuis Moyrans à » Saint-Claude, difficulté qui disparaîtrait totalement par l'établissement » d'un pont à Jeurre, le sol où la nouvelle route se trouve tracée » n'étant jamais obstrué par les neiges, et que le service des dépêches » serait assuré en tout temps. Saint-Claude, chef-lieu d'arrondissement, » frontière et siége de presque toutes les Administrations, demande, » avec le chef-lieu du Département, une correspondance prompte et » assurée, ce qui n'a pas lieu jusqu'à présent par les motifs précités.»

Sur le même sujet, plusieurs autres témoins se sont expliqués dans le même sens.

Passages des Troupes, Convois militaires. Sur ce second objet, on remarque particulièrement 1° la déclaration du sieur Chevassus (1497ᵉ témoin) qui s'exprime ainsi, après avoir parlé des avantages que procureront au pays l'établissement d'un pont à Jeurre.

« Le Gouvernement y trouverait un avantage bien grand; car si la

» France était menacée par l'Etranger, et que, dans la crainte d'une
» invasion, on voulût transporter sur nos frontières de l'artillerie , ainsi
» que tout le matériel nécessaire à une armée , et que cela eût lieu
» en temps d'hiver, il serait impossible de le faire par la route de Pratz
» à Saint-Claude, tandis que par Jeurre, on n'éprouverait pas le moindre
» retard ; et si un corps d'armée était obligé , en passant par la route
» de Jeurre, pour se rendre à Saint-Claude, d'aller passer à Epercy ,
» il aurait un retard au moins de trois lieues, ce qui pourrait quelquefois
» compromettre son existence, et peut-être celle de la Patrie. »

2° Celle du 1627ᵉ témoin (M. Bussod , médecin de l'hôpital , membre
du Conseil d'arrondissement) qui n'est pas moins frappante.

« Notre pays, dit-il, est frontière : il peut arriver tels évènemens,
» qu'il soit nécessaire d'y faire passer des troupes , des convois militaires,
» et sur-tout d'y entretenir des relations non interrompues avec le chef-
» lieu du Département. C'est dans de semblables circonstances , surtout
» si elles se présentaient en hiver, que la route et le pont par Jeurre
» offriraient un débouché pour les plus fortes charges, et qui pourraient
» avoir la plus grande influence, peut-être même , pour la sûreté
» de l'Etat. »

3° Celle de M. Muyard, Baron de Martignat (1967ᵉ témoin), Adjudant-
Major de la Garde nationale de Saint-Claude , qui s'exprime de la
manière suivante :

» Les localités et le Gouvernement doivent trouver des avantages
» précieux dans l'exécution du projet qui place au point de Jeurre le
» pont pour la jonction des routes de Saint-Claude à Dortan et à Moyrans.

» Le Gouvernement, en ce qu'il trouve les moyens de faire cesser
» les interruptions qu'offre en hiver le trajet par Cuénant ; de maintenir
» en tout temps, les relations entre le chef-lieu du département et
» l'arrondissement de Saint-Claude, et de pouvoir porter à volonté sur
» ce point des frontières , des troupes qui pourraient , avec sécurité ,
» manœuvrer de manière à inquiéter et couper des corps ennemis qui
» voudraient opérer à la fois , par les Rousses, la Faucille, le Fort-de-
» l'Ecluse et Nantua.

» Ces avantages sont assez importans pour motiver l'exclusion d'un
» autre pont dans la même commune de Jeurre.»

Ces déclarations, appuyées d'une foule d'autres, n'ont pas besoin
de commentaire.

Service des Douanes. Favoriser par tous les moyens, le service et l'action des douanes, pour
réprimer la contrebande, ce fléau de la morale, ce commerce odieux
qui paralyse l'industrie française, tel est le but que le Gouvernement
s'est toujours proposé. On ne peut se dissimuler que cette fraude se
commet sur nos frontières. Malheureusement, trop d'exemples le prouvent.

Une ligne de douane est établie sur la route de Saint-Claude à Lyon.
Une brigade est stationnée à Molinges, une autre à Vaux. Si le pont
est établi à Jeurre, la brigade de Vaux peut y être transférée ; et s'il est
établi à Epercy, il faudra augmenter la ligne d'une brigade, ce qui occasionnerait une dépense de 7000 fr. par an. Jeurre servirait de point d'appui
pour réprimer la contrebande, et Epercy pour la favoriser. Ecoutons des
témoins experts sur la matière.

Le sieur Pepiot, lieutenant des douanes (989e témoin) déclare : «Qu'il
» est de l'intérêt de l'Administration que le point du pont soit établi à
» Jeurre et non à Epercy, *vu que c'est ouvrir un passage à la fraude.*»
Il en cite pour exemple une saisie faite par les employés de la brigade de
Vaux, sur la droite d'Epercy, dans le courant de décembre 1831.

Le sieur Piard, lieutenant des douanes (1225e témoin), après avoir
rappelé la saisie faite en décembre 1831, sur la droite d'Epercy, ajoute :

« Le bac de ce dernier lieu a servi la fraude, en passant les ballots.
» Les employés ont même poursuivi les porteurs de cette contrebande
» jusques dans le hameau, mais ils ont été obligés de se retirer devant
» les habitans qui les ont menacés.

« Des renseignemens lui ont été donnés *que les habitans* d'Epercy *fa-*
» vorisaient la fraude, en passant sur leur bateau les ballots, de jour
» comme de nuit. La saisie citée lui en donne la plus entière conviction.

Ces faits sont confirmés par un grand nombre d'autres témoins, tous
préposés des douanes, et un fait tout récent vient d'y mettre le sceau.

Le 31 janvier 1832 , il a été fait, par les douanes , sur Claude-François Clerc, de Siéges, une saisie considérable de montres et de bijouterie venant de l'étranger. Il résulte du procès-verbal, que cet individu, arrêté près des vignes d'*Epercy* , avait passé le bac dans le village, et l'avait traversé ; que ces employés des douanes ont cru prudent de se rendre au bureau du Pont du Lizon pour la rédaction du procès-verbal , quoique celui de Dortan fût beaucoup moins éloigné, attendu que, pour y arriver , il fallait passer par le village d'Epercy , dans lequel ils avaient remarqué un *mouvement d'un certain nombre d'individus qui donnaient des craintes de spoliation.*

Est-il étonnant que ce contrebandier (1846ᵉ témoin) ait donné sa prédilection au pont d'Epercy ?

Voilà, sans contredit, des considérations d'intérêt majeur, d'intérêt général, en faveur du projet d'établir le pont à Jeurre. Se présentent-elles sous le même aspect pour le pont d'Epercy ? Non, certainement, non. Le pont, placé à Epercy, ne peut servir aux messageries, aux passages de troupes, aux convois militaires; il peut favoriser la contrebande plus facilement encore que le bac qui y est établi, c'est un fait démontré, ou entrainer l'Administration des Douanes dans un surcroit de dépenses de sept mille francs par an.

Il résulte des déclarations qu'on vient de rappeler, qu'un pont à Jeurre offre les plus grands avantages dans l'intérêt général; qu'un pont à Epercy, non-seulement n'en présente aucun, mais qu'il présente au contraire les plus graves inconvéniens, sous le rapport de la contrebande.

Sur 1401 témoins qui se sont prononcés en faveur de l'établissement d'un pont à Jeurre , sous le rapport de l'intérêt du pays, il en est plus de 1200 qui ont motivé leur opinion, et qui l'ont appuyé de considérations tellement incontestables, qu'elles sont justifiées par les localités. *Intérêt du pays.*

Les déclarations de tous ces témoins sont claires, précises et concordantes. Toutes se rattachent à l'unique point de la question, c'est-à-dire aux avantages ou aux inconvéniens de la construction d'un pont sur la Bienne, soit à Jeurre, soit à Epercy. Toutes reconnaissent et proclament les avantages que présenteroit le pont placé à Jeurre, non-seulement pour la plus grande partie de l'arrondissement de Saint-Claude, pour Lons-le-

Saunier , les cantons de Moyrans, Orgelet, Arinthod, mais même encore pour les communes du département de l'Ain ; toutes repoussent le projet de l'établir à Epercy, par deux raisons d'une importance majeure : la première, parce qu'il serait absolument inutile à toutes ces communes et cantons ; la seconde, que, pour communiquer de ce point à la route projetée par la ville de Moyrans, il faudrait ouvrir à grands frais une nouvelle route, à travers des rochers et une gorge qui compromettraient à chaque instant la sûreté des voyageurs.

Il serait trop long de rappeler toutes ces dépositions. On en citera seulement quelques-unes, parce que toutes s'y rapportent. On remarquera particulièrement celle du sieur Guichard, propriétaire et négociant aux Bouchoux (9ᵉ témoin) :

« La construction du pont projeté, dit-il, présente un avantage immense
» en le plaçant à Jeurre plutôt qu'à Epercy, sous le rapport de la sûreté
» des personnes, sous celui de la proximité du trajet, et sur l'économie
» qui en résulterait. La route tracée pour Epercy devrait passer par le pla-
» teau ou sous la côte. Dans le premier cas, elle sera inondée par les
» eaux ; dans le second cas, les rochers qui tombent à certaines époques,
» présenteroient un danger imminent pour les voyageurs. Un pont à
» Epercy ne présenterait aucun avantage pour le Jura, et encore moins
» pour le canton des Bouchoux ; il nécessiterait une contre-marche de
» deux lieues, un entretien de route à chaque rive de la rivière ; il oc-
» casionnerait la construction d'une nouvelle route à côté d'une route
» déjà construite. Il importe peu aux habitans de l'Ain de longer l'un ou
» l'autre des deux bords, puisque le trajet n'en est pas plus long, tandis
» que, pour le Jura, il est augmenté de plus de deux lieues. »

Le sieur Muyard, (50ᵉ témoin) signale tous les avantages que procurerait au pays, l'établissement d'un pont à Jeurre, puis il s'explique ainsi sur les inconvéniens et les dangers que présenterait une route à ouvrir depuis Epercy.

« Dans cet endroit on a une grande lieue de route à faire et à en-
» tretenir ; pour arriver à Epercy, il faut traverser une gorge boisée
» très-dangereuse pour les voyageurs, et qui sera souvent obstruée par les
» neiges en hiver. »

Le

Le 116ᵉ témoin déclare positivement que cette route n'est qu'un désert où les voyageurs ne seraient pas en sûreté en plein midi.

Le sieur Besson (313ᵉ témoin), après être entré dans de très-longs et de très-intéressans détails sur les avantages que la construction d'un pont à Jeurre assurerait à l'arrondissement de Saint-Claude, sans nuire aux habitans du département de l'Ain, puisqu'il leur est indifférent pour aller à Moyrans, de traverser la Bienne à Jeurre ou à Epercy, s'explique de la manière suivante sur les inconvéniens d'ouvrir une route pour arriver à Epercy :

« Il ne finirait pas s'il devait faire apercevoir tous les inconvéniens qu'il
» aurait à signaler, si on devait être contraint à faire un détour de trois
» lieues, de Moyrans pour aller à Saint-Claude, en passant par Epercy ;
» mais qu'on ne s'y méprenne pas, dans tous les cas, une route de Jeurre
» à Epercy n'offrirait point de sûreté ; il y a une gorge très-resserrée et
» boisée, longue d'un quart de lieue, où les voyageurs risqueraient fort
» d'être assassinés ; et en hiver, elle est susceptible d'être encombrée par
» les neiges occasionnées par des ouragans. Il est à sa connaissance qu'il se
» détache souvent des masses de pierres des rochers qui domineraient cette
» route, et qui, en la traversant impétueusement pour arriver dans la
» plaine, seraient dans le cas de renverser une armée.

La déclaration de M. Pidoux, notaire à Orgelet (509ᵉ témoin)
est, on ne peut pas plus frappante de raison et de vérité. La voici
textuellement :

« Il ne peut concevoir une opposition raisonnée de la part des habitans
» d'Epercy et lieux au midi ; en telle matière, l'intérêt particulier doit
» céder à l'intérêt général, et ici, au contraire, tout semble annoncer
» que ce dernier soit sacrifié à l'intérêt particulier, ou au moins, à
» l'intérêt des localités.

» En effet, tout le pays renfermé depuis au-dessus de Toirette jusques
» à Orgelet, et depuis ce dernier lieu jusques à Moyrans, ensemble le
» canton des Bouchoux, ont un intérêt direct et raisonné à l'établissement
» du pont à Jeurre même ; non-seulement les localités indiquent ce point,
» mais la nature des lieux, les besoins de tous ne laissent aucun doute
» à cet égard.

3

« D'une part, la construction du pont est assurée et sera faite avec
» un soin, un désintéressement et un degré de solidité telle, que
» MM. les Ingénieurs n'auront à redouter aucun danger. La nouvelle route
» de Moyrans s'arrêtera à ce point, pour de-là reprendre la route
» royale, tandis qu'en admettant le pont à Epercy, il faut prolonger
» la nonvelle route à travers des rochers à pic, construire des acqueducs
» et se voir continuellement exposé à des destructions de parties de
» route, par la chute et les éboulemens de matériaux.

» Ainsi il y a avantage pour la dépense actuelle, et plus grand avantage
» encore, sous le rapport de l'entretien, lorsque cette route sera au
» compte du département.

» D'autre part, la nouvelle route ayant son embranchement à Jeurre,
» est destinée à suppléer celle de Moyrans à Saint-Claude, lorsque celle-
» ci est obstruée par les neiges, ou bien même pour le cas où il arriverait
» un accident au pont du Lizon. Ainsi le service public de Lons-le-
» Saunier à Saint-Claude, les convois du Gouvernement, les passages
» militaires trouveraient un passage sûr, prompt et facile par Jeurre,
» tandis qu'il serait presque doublé, en passant par Epercy.»

Une foule d'autres témoins, entr'autres les 888ᵉ, 929ᵉ, 941ᵉ déposent
dans le même sens.

Jusques à présent, on s'est borné à tirer, sur mille, quelques-unes des
dépositions qui ont rapport à l'intérêt public et aux inconvéniens de la
route qu'il faudrait ouvrir depuis Epercy, pour arriver à la jonction de la
route projetée. On s'est abstenu à dessein, de parler de celles des habitans de Jeurre, pour éviter la critique des actionnaires du pont d'Epercy,
qui ne manqueraient pas de les suspecter comme principalement intéressés.
On ne doit cependant pas les écarter, pour cette raison, à moins qu'on
n'écarte aussi celles des habitans d'Epercy.

Quelques témoins voués au projet d'Epercy (ils sont actionnaires) ont
essayé de jeter de la défaveur sur les dépositions des habitans de Saint-Claude
qui ont paru aux enquêtes et qu'ils supposent gratuitement avoir voté
en faveur du projet de Jeurre, par complaisance pour M. Monnier. Mais
ils ne sont pas conséquens avec eux-mêmes, et ici se réalise un vieux proverbe : *trop parler nuit, etc. ;* car l'un d'eux, le sieur Millet, 1708ᵉ té-

moin) , nous apprend qu'il y a environ 80 ans que M. Dufel, seigneur de Dortan, avait conçu le projet de construire à ses frais le pont d'Epercy, et qu'il n'éprouva d'obstacle que de la part des habitans de Saint-Claude et du subdélégué. Sans doute, les habitans de Saint-Claude de ce temps là ne s'opposaient pas à ce projet, par complaisance. Ils étaient mus, comme ceux d'aujourd'hui, par des principes d'intérét général. Ainsi les dépositions de ces témoins n'en mériteront que plus de confiance. On n'en rappellera que quelques-unes, pour ne pas trop multiplier les citations, attendu que toutes tendent au même but.

La plus importante de toutes , celle qui embrasse tout le système de l'établissement en question, est celle de M. Dalloz, architecte de l'arrondissement , membre du collége électoral et du conseil municipal de la ville de Saint-Claude , (1027ᵉ témoin). Ecoutons-le lui-même :

« Des deux projets de construire un pont sur la Bienne , pour l'éta-
» blissement d'une nouvelle ligne de communication entre Moyrans , le
» département de l'Ain et la partie méridionale de l'arrondissement de Saint-
» Claude , celui de Jeurre est le seul qui puisse être adopté, comme réu-
» nissant à lui seul tous les avantages qu'on doit rechercher dans un projet
» de l'espèce. En effet , la construction d'un pont à Epercy, de l'avis
» même des actionnaires de ce pont , mettra les communes du département
» de l'Ain , qui s'y croient le plus intéressées, dans la nécessité de faire
» exécuter à leurs frais un nouveau chemin , dès ce village au bief des
» forges ; et ce chemin , qui aura huit mille mètres de longueur , ne pro-
» curerait à ces communes, que le foible avantage de gagner un quart
» d'heure environ, sur la direction proposée pour le pont de Jeurre, et
» d'avoir des pentes plus douces.

» Mais ces avantages ne seraient-ils pas achetés beaucoup trop chers par
» la dépense que coûtera ce nouveau chemin, et par celle des gages de deux
» cantonniers qu'il faudra payer annuellement pour l'entretien.

» Le pont d'Epercy me paraît encore devoir être repoussé par deux
» motifs non moins importans ; le premier est que cette localité n'est point
» assez centrale, et que les communes de la partie méridionale de l'arron-
» dissement de Saint-Claude et la ville de Saint-Claude n'en profiteraient
» pas ; et l'autre que le chemin à construire au nord du village d'Epercy ,

» traverserait, pendant vingt-cinq minutes, une gorge étroite, profonde,
» déserte, entre deux côtes boisées, et que ce passage, qui jeterait la terreur
» dans l'âme du voyageur, l'exposerait à plus d'un danger.

» Le pont projeté pour le village de Jeurre, en même temps qu'il
» ouvre une communication facile aux habitans de Dortan et des com-
» munes circonvoisines, sera d'une utilité importante, d'abord à la ville
» de Saint-Claude, et ensuite à toutes les communes de ce canton et du
» canton des Bouchoux, qui vont chercher leurs approvisionnemens en blés
» et en vins dans les environs de Lons-le-Saunier; car tout le monde
» sait que, pendant la durée des hivers qui sont si longs et si rigoureux
» dans les montagnes, le chemin de Moyrans à Pratz, qui traverse la gorge
» de Cuénant, se trouve presque toujours obstrué par les neiges. C'est dans
» ces momens que les arrivages pour la montagne sont impossibles, et que
» le courrier des dépêches et les voyageurs à pied même, ne peuvent
» franchir cet obstacle; alors les marchés de Saint-Claude manquent d'ap-
» provisionnemens, et son commerce de correspondance.

» Cet état de choses cessera évidemment dès que le pont de Jeurre
» sera construit, et cette nouvelle direction sera même préférée dans les
» temps de la belle saison, par tous les voituriers de la montagne, attendu
» que les pentes du nouveau chemin seront douces, et qu'ils pourront,
» sans doubler, monter des charges entières, ce qu'ils ne pourraient faire
» aujourd'hui par le chemin de Pratz. »

Cette déposition mérite d'autant plus de confiance et de considération,
qu'elle est l'opinion d'un homme de l'art, qui connaît et a visité les localités.
Elle est appuyée par un très-grand nombre d'autres, non moins précises,
non moins importantes.

On peut consulter principalement celles de MM. Jacquet, membre du
conseil municipal (1155e), Dalloz, arpenteur-géomètre, *auteur de la rectification de la route de Moyrans à Jeurre* (1156e), Reymondet, directeur des
postes (1157e), Colin, entrepreneur, électeur d'arrondissement, membre du
conseil municipal (1221e), Colomb, notaire, électeur d'arrondissement,
membre du conseil municipal (1359e), qui contient des détails importans et lumineux qui ne manqueront pas d'être appréciés par l'Autorité;
Brunet, juge de paix (1360e), Jean-Baptiste Roy, négociant, adjoint du

maire de Saint-Claude, électeur et membre de la chambre consultative de commerce (1361ᵉ); Cattand, ancien Magistrat, maire de la ville de St.-Claude, membre du conseil général du département, électeur éligible (1424), qui n'est pas moins précise et concluante; Favier, avoué, membre du conseil municipal (1426ᵉ), Perret, notaire, ancien maire de Saint-Claude, membre du collége électoral (1429ᵉ), Frédéric Roy, négociant, membre du conseil d'arrondissement et de la chambre consultative de commerce (1609ᵉ), Samuel Commoy, banquier (1616ᵉ), Muyard, baron de Martignat (1967ᵉ), Perret, de Marignat (1632ᵉ), Molard, de Vaux (2211ᵉ).

Enfin celle de M. Bussod (1627ᵉ témoin), dont on a déjà eu occasion de parler, est trop importante pour ne pas trouver ici sa place. Elle répond à toutes les objections des adversaires du projet de Jeurre. La voici :

« Il est peu d'entreprise, dit-il, qui puisse remplir les vœux et les
» besoins du pays, mériter l'attention et la faveur du Gouvernement,
» comme celle de faire communiquer les deux routes de Saint-Claude
» à Lyon et à Moyrans, par un pont jeté sur la Bienne, entre Lizon et
» la rivière d'Ain.

» La nature des lieux fixe irrésistiblement la direction du chemin.

» Il règne au couchant de la rivière de Bienne, depuis le Lizon jusques
» à son embouchure dans l'Ain, une suite non interrompue de rochers
» plus ou moins escarpés, qui rend difficile l'accès de cette rivière, et sur
» lesquels il est impossible d'asseoir une route. Cette impossibilité ne
» cesse que sur un seul point, par une gorge qui s'ouvre entre le Villard
» et Moyrans, et se prolonge jusqu'à Jeurre. Au fond coule le ruisseau
» d'Hériat, qui prend sa source au lac d'Antre; c'est une coupure dans
» le genre de celle entre le pont de la Pile et la Tour-du-Meix.

» Le tracé doit donc forcément se faire dans cette gorge. Arrivé à
» Jeurre, si le chemin trouve un pont dans cet endroit, il atteint dans
» quelques minutes la route de Saint-Claude à Lyon.

« Le problème de la communication est donc aussi simplement que na-
» turellement résolu, en établissant le pont à Jeurre, puisque les soumissions
» relatives à cet emplacement embrassent à la fois deux choses qu'il est es-
» sentiel de ne pas séparer, la double construction du pont et du chemin.

» Si maintenant, au lieu de s'arrêter à ce point de jonction rapproché,
» on veut descendre à Epercy, il faut ouvrir, pendant une lieue et demie,
» un nouveau chemin sur la rive droite de la Bienne, parallèle à la grande
» route qui existe sur la rive gauche, dont il ne serait séparé que par la
» rivière, qui, en définitif, irait, comme à Jeurre, aboutir à cette même
» grande route.

» Mais, qui fera les frais de ce nouveau chemin? Par qui serait-il entre-
» tenu? Quels sont les moyens d'obtenir les terrains qu'il occupera? Com-
» ment vaincre les oppositions et les prétentions des propriétaires? Exposer
» ces difficultés, c'est faire connaître que personne de la génération actuelle
» ne pourrait se flatter de les voir résoudre.

» Le projet des actionnaires d'Epercy borné au pont, s'il était accueilli,
» n'aurait d'autre résultat que de priver le pays de la communication si
» désirée des deux routes.

» Il est possible que quelques-uns de ces actionnaires, et même d'autres
» propriétaires d'Epercy, Lavanciat et Dortan, trouvent quelques avan-
» tages dans la construction du pont à Epercy, mais ce sont des avantages
» individuels et privés, qui doivent d'autant mieux céder à l'intérêt géné-
» ral des autres localités, qu'ils peuvent encore les conserver, en construi-
» sant un pont sur le territoire de Dortan, avec un chemin qui viendrait
» communiquer à celui de Jeurre à Moyrans.

» C'est sans doute par ironie qu'on a voulu parler du pont de Molinges,
» comme pouvant établir la communication qu'il s'agit de réaliser. Tout le
» monde sait que les traces du chemin qui traverse ce pont se perdent
» aux premières granges de Chiriat, et que le pont n'a d'utilité que pour
» le port.

» Jeurre est d'ailleurs un point plus central, et auquel viennent aboutir
» avec facilité toutes les populations au levant de la rivière, celles de l'Ain,
» comme celles du Jura ; et cela est si vrai que, si le pont était à Epercy,
» les voyageurs de l'Ain seraient obligés de quitter ou traverser la grande
» route actuelle qui passe en face de Jeurre où elle conduit, pour revenir
» trouver le même point de Jeurre, et se diriger sur Moyrans.

» La partie supérieure de l'arrondissement de Saint-Claude qui, au
» premier abord, paraît être désintéressée dans la question, y a cependant

» un intérêt majeur ; car, comme elle tire toutes ses subsistances de l'ar-
» rondissement de Lons-le-Saunier, elle profiterait avec avantage , dans
» les encombremens de neiges, du pont et du chemin par Jeurre, ce qui
» lui éviterait les fortes montées de Lizon aux Crosets, ou de Lizon à
» Pratz, et surtout le passage de Cuénant, si souvent obstrué en hiver.

» Il suffit donc de présenter avec franchise et fidélité les faits et les lieux,
» pour assurer au projet complet de Jeurre, la préférence sur le projet si
» incomplet d'Epercy. »

Il est impossible d'établir par des preuves plus convaincantes, les avantages qui résulteraient, pour le pays, de la construction d'un pont à Jeurre,
et les graves inconvéniens qu'il y aurait à le construire à Epercy.

Il est à propos de faire remarquer qu'en le construisant en ce dernier
lieu , ce serait contrarier les vœux de la ville de Moyrans, qui fait de si
généreux sacrifices pour l'établissement de la route. Aussi , plusieurs témoins se sont-ils expliqués sur ce point. On peut citer entr'autres M. Casi-
mir-Auguste Nicod , de Moyrans, électeur d'arrondissement et éligible
(1374° témoin). Il exprime son vœu pour que le pont soit placé à Jeurre;
il en donne les motifs, qui tiennent tous à l'intérêt public; puis il ajoute :

« 4° Parce que , le pont d'Epercy, en détruisant les avantages que doit
» retirer la ville de Moyrans d'une route aboutissant au pont de Jeurre ,
» embarquement naturel et unique de ses bois, mettra les Magistrats
» dans la nécessité de *refuser* les fonds nécessaires pour l'achèvement des
» travaux commencés, et que l'opposition, dans l'impossibilité d'en faire
» la dépense, n'aura servi qu'à empêcher le bien général, sans pouvoir en
» faire son profit.

» Vainement allèguera-t-on qu'une première délibération demandait la
» route par Epercy; on répondra, sans crainte d'être démenti, qu'alors
» on n'osait pas compter sur le concours de l'honorable industriel
» qui s'est généreusement offert, et qu'une si heureuse circonstance ne
» pouvait manquer d'amener une nouvelle détermination, qu'on n'a pas
» hésitée à prendre. »

On peut encore consulter plusieurs autres témoignages sur le même
sujet.

Ces déclarations répondent d'une manière péremptoire aux inductions
que les actionnaires du pont d'Epercy voudraient tirer , en faveur de leur

projet, des délibérations prises par la ville de Moyrans les 13 mai 1829 et 26 Janvier 1830, et par celle de Jeurre le 24 Décembre 1829; car, à cette époque, la soumission de M. Monnier n'était pas connue. Aussi dès-lors, ces communes ont-elles changé d'opinion, et l'ont manifesté, la première dans ses délibérations du 26 janvier 1830 et des 24 août et 24 septembre 1831; la seconde dans sa délibération du 22 janvier 1830; où elle déclare formellement que les offres qu'elle a faites ci-devant sont subordonnées à la condition que le pont se construira à Jeurre : et dans ses délibérations subséquentes des 12 mars, 21 août 1831, 12 janvier et 8 février 1832 (a).

Qu'opposent les actionnaires d'Epercy à ce faisceau de témoignages si nombreux et si positifs? Leur propre témoignage, celui de leurs parens. Mais on ne doit y avoir aucun égard, car autrement il serait permis d'être juge dans sa propre cause.

En effet, lorsque l'Autorité ordonne une enquête, c'est pour connaître l'opinion publique sur les avantages ou les inconvéniens d'un projet d'utilité qui lui est présenté. Si les intéressés à ce projet, ceux qui doivent en recueillir les fruits sont admis à émettre leur opinion sur son utilité, il est évident que l'enquête serait illusoire, parce que leur opinion étant déjà consignée dans leur proposition, il n'y a plus à la consulter; autant vaudrait s'en rapporter aux moyens et aux motifs qu'ils ont employés pour la faire valoir. Ils l'ont probablement bien senti, car, ils se sont bien gardés de décliner leurs qualités d'actionnaires, dans les enquêtes où ils ont paru.

Il importe donc de les faire connaître, afin de prémunir l'Autorité contre l'influence que pourraient avoir leurs déclarations. Ce sont : les sieurs Gros-Gurin (16e et 2081e témoin), le 2123e son frère; Musy (17e et 2153e), Emmanuel Putot-Grélier (33e et 1054e), François-Célestin Putod-Grélier, son fils (1111e), Constant Sarran, son neveu (1107e), Claude-François Chavet et Claude-Pierre Sarran, ses deux beaux-frères (980e et 1056e), Etienne Robin (42e et 2193e), Claude-Joseph Perradin, son beau-frère (2068e), François Robin (55e et 1700e), Claude-Joseph Chavet, son beau-frère (2052e), Joseph Bourbon (57e et 2090e), Claude-Joseph

(a) Voir à la suite du Mémoire, le texte de la délibération du 12 janvier 1832, trop importante pour ne pas la rapporter.

Robin

Robin (224ᵉ et 2056ᵉ), Etienne Curial, Marin Curial et François Curial, ses beaux-frères (1709ᵉ, 1820ᵉ et 2061ᵉ), Joseph-Marie Gadet (97ᵉ et 2059ᵉ), Jean-Pierre Gadet, son fils (2080ᵉ), Reydellet, Bernard (191ᵉ et 2093ᵉ), père de M. l'avocat Reydellet, actionnaire, François Reydellet, son ayeul (2094ᵉ), Jean-Baptiste Molard (180ᵉ), Camille Nicod, son beau-frère (2018ᵉ), Joseph-Marie Perradin (345ᵉ et 2215ᵉ), François Greffet, son beau-frère (1841ᵉ), Claude-Joseph Bourbon (213ᵉ et 2053ᵉ), Jean-Baptiste Galletty (1835ᵉ), François-Camille Galletty, son frère (1934ᵉ), Claude-Joseph Clerc, dit Carloz (82ᵉ et 1691ᵉ), Joseph-Marie Clerc, son fils (887ᵉ), Jean-Antoine Clerc (303ᵉ et 2200ᵉ), Joseph-Marie Clerc (98ᵉ et 1943ᵉ), François Clerc (64ᵉ et 1933ᵉ), Claude-Joseph Curial (2209ᵉ), Charles Curial, son père (2206ᵉ), Etienne Berod-Magnin (199ᵉ et 2038ᵉ), Célestin Berod (45ᵉ et 2029ᵉ), Jean-Baptiste Mermet (201ᵉ et 2214ᵉ), François-Victor Berod, son beau-père (1716ᵉ), Marin Pichon (1964ᵉ), Claude-Joseph Pichon, son beau-frère (2070ᵉ), Jean-Marie Bonnefoy (2191ᵉ), Pierre-Antoine Bonnefoy, son oncle (2095ᵉ), Vital Girod, son cousin et son ouvrier (2179ᵉ), Jules Girod, son cousin et son ouvrier (2075ᵉ), Gabriel Gomme, son ouvrier (2180ᵉ), Joseph-Aimé Thomas (154ᵉ et 1756ᵉ), François Grand-Clément (157ᵉ et 2208ᵉ), Claude-Antoine Grand-Clément, son frère (1702ᵉ), Joseph-Emmanuel Darmet, frère de François Darmet, actionnaire (1901ᵉ), Célestin Canier et Jean-François Canier, frère de Jean-Baptiste Canier, actionnaire (1839ᵉ et 1840ᵉ) ; François Bourbon (744ᵉ), Pierre-François Millet, beau-père de Jean-Marie Bonnefoy (127ᵉ et 1708ᵉ), enfin, François Chapel, frère de Pierre, actionnaire (1870ᵉ).

Il est à pressentir que ces témoignages ne sont pas les moins importans pour le projet des actionnaires, et en les écartant, que leur restera-t-il ! Quelques témoins d'Epercy, de Dortan, de Siéges, de Lavanciat, de Chanciat, de Grand-Serve, Montcusel, dont la plus grande partie ne s'est occupée que d'intérêt purement local et de la solidité du pont, et si quelques-uns sont entrés dans quelques détails pour appuyer leurs prétentions, ils sont démentis par la position topographique des lieux; quelques déclarations isolées ne peuvent résister à la masse des preuves contraires qui résultent des enquêtes.

On arrive maintenant à l'intérêt purement local, qui, quoiqu'en dernier ordre, ne peut manquer d'avoir une juste influence sur la décision à intervenir. **Intérêt local.**

Le territoire de Jeurre est, comme on l'a déjà dit, partagé par la rivière de Bienne. Une partie est située au levant, et ne peut être exploitée qu'en traversant cette rivière. Jeurre n'a pas, comme Epercy, un bac à voiture, et il n'est pas possible d'y en établir un, la rivière n'ayant pas la profondeur nécessaire, et les habitans de cette commune ne peuvent exploiter leurs terres et leurs coupes affouagères, enlever leurs récoltes, que lorsque la rivière est guéable. Il arrive fréquemment que les eaux se maintiennent pendant un certain temps à un tel degré de hauteur, que ce moyen est impraticable ; alors les récoltes sont exposées à périr sur le terrain. Plus d'une fois ils en ont fait la funeste expérience.

D'un autre côté, plusieurs habitans de Vaux et de Chiriat, possèdent beaucoup de propriétés au couchant de la rivière. Il y a aussi des bois communaux. Il ne peuvent de même être exploités que lorsque la rivière est guéable, et lorsqu'elle ne l'est pas, ces deux communes sont exposées aux mêmes inconvéniens que Jeurre.

Les avantages, les besoins même d'un pont en ce dernier lieu, sont trop sensibles, pour qu'il soit nécessaire d'entrer dans quelques discussions pour l'établir ; ils sont d'ailleurs démontrés par la situation des lieux et par une foule de dépositions qu'il est inutile de rappeler. Il suffit, pour s'en convaincre, de jeter un moment les yeux sur la carte et sur les enquêtes.

Voyons si Epercy se trouve dans une position semblable. Il est constant que cette section ne possède aucune propriété communale au levant de la rivière. Il n'est pas moins constant qu'il n'y a que quelques habitans de ce hameau qui y possèdent des propriétés de peu d'étendue, et il est positif qu'aucun habitant de Lavanciat ou de Rhien, n'en possède au couchant. Tout se réduirait donc à l'intérêt particulier de quelques habitans de Dortan qui ont des propriétés et des bois au couchant de la Bienne. Mais, comme on l'a déjà observé, ils peuvent les exploiter par le gué de la rivière qui les rapproche de Dortan, lorsque les eaux le permettent, et lorsqu'elles ne le permettent pas, ils ont le bac à voiture, ressource que n'ont pas les habitans de Jeurre.

Si les enquêtes ne sont pas un vain simulacre, si au contraire elles sont destinées à éclairer l'administration sur le mérite de tel ou tel projet, il faut en conclure que l'utilité d'un pont à Jeurre et l'inutilité d'un pont à Epercy, outre ses autres inconvéniens qu'on a signalés, sont généralement reconnues.

D'un côté, le nombre des témoins, parmi lesquels on compte des anciens Magistrats, des membres des colléges électoraux, du conseil général du département, du conseil d'arrondissement, de la chambre de commerce, des maires, des conseillers municipaux, des avocats, des avoués, des notaires, des négocians recommandables, des ministres du culte, tous animés du seul amour du bien public, dirigés par ce seul sentiment, incapables de cette lâche complaisance que quelques actionnaires ont eu la bassesse de leur supposer pour M. Monnier, que la plus grande partie connaît à peine.

De l'autre, un petit nombre de témoins parmi lesquels, à quelques exceptions près, on ne compte que des gens de la campagne, plus susceptibles sans doute, de subir l'influence d'autrui. Voilà la position où se trouvent les prétentions respectives. Dans cet état de choses, la question peut-elle rester douteuse ?

Tout milite donc en faveur de Jeurre, et si on y ajoute les vœux exprimés par une foule d'habitans de Saint-Claude, de Septmoncel, de Viry, des Molunes, dans des représentations couvertes de signatures, qui seront jointes au dossier, par les conseils municipaux de Saint-Claude et différentes autres communes, on demeurera intimément convaincu qu'un pont placé à Jeurre, satisfait à tous les intérêts.

§ 3.

Observations sur le Mémoire des actionnaires du Pont à Epercy.

Les actionnaires du pont d'Epercy font tous leurs efforts pour établir la supériorité d'un pont en cet endroit, sur celui projeté à Jeurre. Ils remontent à des temps fort éloignés pour prouver que, dès le principe, le projet avait pour but d'ouvrir une route de Moyrans à *Dortan* et par suite, un pont à Epercy ; que cette dénomination seule indique suffisamment ses avantages ; que seule, elle doit l'emporter sur toutes autres considérations. Mais ils ne disent pas qu'aux époques dont-ils parlent, c'était aux frais du Gouvernement que cette communication et ce pont devaient s'établir; que c'est par cette raison, que le projet a toujours rencontré des obstacles et manqué d'exécution. Ils ne disent pas que dès-lors, un citoyen dévoué à son pays est venu lever tous ces obstacles, en faisant la soumission de construire à ses frais, moyennant la concession d'un péage modéré, un pont dans un endroit plus convenable et plus avantageux sous tous les rapports, à Jeurre.

L'exécution de la route projetée par la ville de Moyrans, exige nécessairement la construction d'un pont sur la rivière de Bienne. Dans laquelle des deux localités, ou de Jeurre, ou d'Epercy, sous le rapport de l'intérêt public qui est le premier? Tel est le problême à résoudre. La position topographique des lieux et les enquétes décident la question en faveur de Jeurre, parce que, dans cet endroit, le pont sera utile à tout le pays, objet principal et même unique des sacrifices que la ville de Moyrans et la commune de Jeurre offrent de faire, pour l'ouverture des communications; qu'il sera inutile à Epercy, même pour Dortan et les communes environnantes, attendu que la route départementale leur offre les mêmes facilités de communication par Jeurre. Que sera-ce encore si l'on considère que ces deux communes, après la proposition de M. Monnier, qui leur est si évidemment avantageuse, ont retracté les soumissions qu'elles avaient faites pour l'ouverture de la route de Moyrans à Dortan, par Epercy; et déclaré qu'elles ne les exécuteraient qu'autant que le pont serait établi à Jeurre. Pourra-t-on les contraindre à des sacrifices contraires à leurs intérêts? Nulle Autorité n'en a le droit ni le pouvoir, et aucune même n'en aurait l'intention. Si donc le projet d'Epercy était admis, il en résulterait que la route de Moyrans serait abandonnée, et par une conséquence inévitable, ce projet lui-même; attendu les dépenses extraordinaires que coûterait une route à ouvrir depuis Epercy au moulin Riottier; dépenses que personne n'offre et que personne n'offrira de faire. Ainsi il n'y aurait ni pont à Jeurre, ni pont à Epercy, ni route de communication.

De ce que M. Monnier a apposé à sa soumission, la condition qu'il ne serait point établi de pont à péage à Epercy, qui est une section de Jeurre, il n'en faut pas conclure, comme le font complaisamment les actionnaires d'Epercy, qu'il ait reconnu que la localité d'Epercy fût le seul point où l'on pût jeter un pont dans l'intérêt général. Il l'a toujours contesté et il le conteste encore. Si les opposans prennent cela pour un hommage, à eux les maîtres.

La condition apposée par M. Monnier n'est que la conséquence nécessaire des sacrifices énormes qu'il se propose, dans l'intérêt public. N'est-il pas évident, en effet, que la concession d'un péage, bien faible indemnité de ces sacrifices, serait absolument illusoire, s'il était permis d'établir un autre péage dans la même commune et à peu de distance ? Les actionnaires d'Epercy poussent les plus hautes clameurs contre cette condition, qu'ils appellent un monopole, un privilège repoussant et odieux.

Mais ce privilége, s'il en est un, est inhérent à la nature de l'entreprise dont il s'agit, et le Gouvernement saura bien juger la question, comme il l'a fait dans mille circonstances semblables. Il est des cas tels que celui qui se présente, où il est indispensable de s'écarter de la règle commune, dans l'intérêt général. N'est-ce pas d'après ces principes qu'on voit, chaque jour, le Gouvernement faire des concessions de mines, accorder des autorisations d'établir des forges, des hauts-fourneaux, et en prohiber d'autres ? N'est-ce pas aussi par les mêmes principes que le nombre des avoués, des notaires, des huissiers, des agens de change, etc., est limité ? Dans tous ces cas, il y a des exclusions et des exclusions nombreuses, mais l'intérêt public les exige. On peut, au surplus, consulter, sur cette question, la déposition raisonnée et lumineuse de M. Colin, ancien Magistrat, bâtonnier de l'ordre des avocats (1608ᵉ témoin).

Les actionnaires du pont d'Epercy invoquent, avec un ton d'assurance rare, et comme une décision en leur faveur, le rapport que M. l'Ingénieur en chef aurait fait à M. le Préfet sur les deux projets en question.

Si ce rapport présente le résultat que lui donnent les actionnaires, c'est que M. l'Ingénieur n'a examiné que le tracé en lui-même, sous le rapport de sa meilleure direction, pour arriver plus vite et par des pentes plus douces de Moyrans à Dortan. Mais en ne faisant pas entrer dans son examen l'importance que doit avoir l'intérêt du pays, il n'aurait pas considéré que tel est seulement le but qu'on s'est proposé en projetant un chemin de Moyrans à Jeurre, et un pont en ce dernier endroit, pour gagner la grande route de Dortan qui est vis-à-vis, d'où on se rend, suivant ses besoins, soit à Saint-Claude, soit à Dortan; et si, par cette direction, le trajet par la grande route se trouvait plus long d'une dixaine de minutes pour se rendre à Dortan, ce léger inconvénient n'est-il pas bien racheté par les avantages inappréciables que la ville de Saint-Claude et tous les villages qui se trou- vent au levant et au midi de la rivière en retireront.

M. l'Ingénieur, ajoutent les actionnaires, a été frappé de la roideur des pentes, dont quelques-unes ont jusqu'à sept centimètres et demi par mètre.

Ne dirait-on pas, à les entendre, que des pentes de sept centimètres et demi sont inaccessibles? Cependant, dans leur projet de se servir du che- min que fait exécuter la ville de Moyrans au-dessus du moulin Riottier, on y trouvera une rampe de sept centimètres par mètre, qui a plus de deux ki- lomètres de longueur. Ces pentes de 7, 8 et même de 9 centimètres, sont réputées douces dans un pays où l'on en rencontre de 11, 15 et même de 18 centimètres. Aussi n'a-t-on jamais doublé les chevaux pour monter des rampes de 7 et 8 centimètres.

Ce serait une grande erreur que de croire que M. l'Ingénieur se soit ir- réfragablement prononcé pour le pont d'Epercy, car il ajoute : « La partie » du projet relative à Jeurre, doit être l'objet d'un examen spécial. »

Il n'aurait donc examiné qu'une partie du projet; et le résultat d'un exa- men ultérieur et spécial prouvera qu'un grand nombre d'intérêts majeurs, tant généraux que particuliers, réclament la construction d'un pont à Jeurre, qui ne nuira d'ailleurs d'aucune manière aux avantages que pourraient retirer d'un pont à Epercy les communes du département de l'Ain, qui, sans aucun intérêt réel, s'opposent à cette construction.

La comparaison des deux projets, disent les actionnaires, a été faite par un juge compétent.

M. l'Ingénieur en chef, comme on l'a déjà observé, n'a dû être juge que de la partie de l'art seulement, le tracé et sa direction. Le nouvel examen qu'il est appelé à faire des deux projets, et l'instruction, fourniront à M. le Préfet tous les élémens pour bien juger le double but qu'on se propose.

Continuons à parcourir les réflexions des actionnaires. Il est curieux de les entendre dire : « A la vérité, l'intervention de M. Monnier dans le projet

» qui jusque là avait reçu l'assentiment unanime, produisit une scission;
» mais cette scission, qui ne détacha du premier projet que la *minorité*,
» et qui fut amenée par de *faibles intérêts particuliers*, quelqu'essai qui
» soit fait pour le revêtir de couleur de l'avantage général, ne saurait
» faire abandonner ce premier projet, qui n'a pas cessé d'être le plus
» avantageux. »

Sans doute, l'intervention de M. Monnier amena une scission, parce
qu'on sentit toute l'importance de sa proposition. Ce n'est pas la minorité
qui se détacha du premier projet, c'est l'immense majorité, notamment
les communes importantes, Moyrans et Jeurre. Ces deux communes se
sont empressées de révoquer les offres, les soumissions qu'elles avaient
faites pour la construction de la route sans laquelle ce premier projet ne
pourrait avoir de suite. Elles les révoquèrent, parce que leur intérêt,
l'intérêt général, étaient liés au plan de M. Monnier. Quelle est donc cette
grande majorité qui serait restée attachée au premier projet? Il faut
lire les enquêtes et on verra à quoi elle se réduit.

M. Monnier n'a point été entraîné par son intérêt personnel, dans cette
affaire. Il n'a *consulté* que l'intérêt général et son dévouement pour son
pays. Il croit, au contraire, avoir montré du désintéressement, car il est
constant qu'il ne retirera pas le deux pour cent des fonds considérables
qu'il doit placer dans l'entreprise.

Ne pourrait-on pas dire avec plus de raison, aux actionnaires d'Epercy,
qu'ils n'ont spéculé que sur leurs intérêts personnels. Ils en fournissent
eux-mêmes la preuve. En effet, suivant eux (on ne conteste pas ce fait),
la construction d'un pont à Epercy exigera beaucoup moins de dépenses
qu'à Jeurre, l'entretien sera beaucoup moins coûteux. Eh bien! dans
l'un ou l'autre endroit, ces dépenses sont toutes à la charge des soumis-
sionnaires. Celui qui en supportera le moins aura donc le plus à gagner.
Si donc M. Monnier est dirigé par *un faible intérêt particulier*, comment
se persuader que les adversaires soient mus par un sentiment contraire!
Soyez donc une fois conséquens avec vous-mêmes.

Le trajet en passant par Jeurre pour arriver à Dortan, sera plus long,
(on en convient) qu'en passant par Epercy. Mais fut-il vrai qu'il y eût
près de deux kilomètres à gagner pour aller à Moyrans, en passant par

ce dernier lieu , plutôt que par le premier , il faudra toujours convenir et tenir pour constant que ce léger avantage serait beaucoup trop chè- rement payé par les dépenses que coûterait l'établissement d'une route de huit kilomètres au moins, dans une côte toute de rochers, qui offre d'ailleurs des passages dangereux pour la sûreté des voyageurs. Cette dépense ne saurait être évaluée à moins de 24000 fr. vu l'escarpement de la côte. Peut-elle entrer en parallèle avec un avantage dont tout le pays se trouverait privé , et qui profiterait seul à Dortan et à Epercy.

Ne faudrait-il pas aussi pourvoir à l'entretien de cette route par un ou deux cantonniers, qui ne parviendraient même jamais à la rendre aussi roulante que la route départementale de Jeurre à Dortan, qu'on abandon- nerait pour ce trajet, route d'ailleurs de niveau, à laquelle on ne reproche que deux points vicieux , qui seront certainement rectifiés avant la cons- truction de l'un ou l'autre pont.

Il semble qu'on ne saurait douter de l'exactitude des mesurages que les opposans disent avoir faits, pour établir la différence de longueur des deux projets. Mais ils permettront bien de ne pas s'en rapporter tout à fait à la précision de leurs calculs , car, au lieu de 2450 mètres, la différence est tout au plus de 1500 mètres.

Il existe une autre différence bien plus importante , dont les actionnaires du pont d'Epercy, s'occupent fort peu , parce qu'elle ne touche pas à leurs intérêts. C'est une économie de 24,000 francs pour les communes, qui se trouveront en outre dispensées d'un entretien annuel de 600 francs au moins. Y a-t-il à hésiter entre de si grands sacrifices et le minime intérêt qu'on se propose ?

Chacun sent l'urgence et le besoin d'avoir un pont sur la Bienne. Le projet de Jeurre peut recevoir une exécution prompte et facile , tandis que le pont à Epercy ne pourrait être livré au public que bien des années après , vu la difficulté de se procurer des ressources pour ouvrir un nouveau chemin : difficulté qui ne peut que s'accroître lorsque les communes qui ont voté des fonds, mieux instruites de leurs veritables in- térêts, s'apercevront qu'elles ne poursuivent qu'une ombre, et se détache- ront d'un projet qui ne leur offre qu'un avantage imaginaire. La raison et

le temps

le temps viendront dissiper l'illusion à laquelle elles ont trop facilement cédé. Mais quand ces communes (il y en a trois, Oyonnax, Arbent et Dortan), persisteraient dans l'erreur où elles se sont laissées entraîner, leurs soumissions seraient encore bien au-dessous des dépenses nécessaires, puisqu'elles en fourniraient à peine la huitième partie. Que d'années encore pour se procurer de nouvelles ressources !

Il est difficile de concevoir comment les opposans veulent faire tourner, en faveur de leur projet, la position topographique des lieux : comment ils osent appeler l'intérêt général à leur appui. Qu'ils jettent un œil consciencieux sur la carte, qu'ils lisent les enquêtes de sang froid, et s'ils ne sont pas convaincus, il faudra convenir que tout peut résister à l'évidence.

L'intérêt général ! il touche peu les actionnaires du pont d'Epercy. Leur intérêt personnel est le seul mobile de leurs démarches et de leurs efforts. Tout concourt à le prouver. C'est aux dépens des communes qu'ils entendent que la route soit ouverte, depuis Epercy au moulin Riottier, dans une étendue d'environ huit kilomètres. Eux n'offrent pas le plus léger sacrifice, mais ils se chargent de construire un pont à Epercy; ils percevront un péage fort élevé, en proportion de la dépense qu'ils auront à faire, car ils conviennent qu'elle sera beaucoup moins considérable qu'à Jeurre. C'est donc d'eux qu'on peut dire, avec bien plus de raison que de M. Monnier, qu'ils couvrent leur intérêt particulier du manteau de l'intérêt général. Mais on ne saurait s'y méprendre : chez l'un cet intérêt général perce, il est évident ; chez les autres, il n'en a pas même l'apparence.

Le pont à Epercy rapproche, dit-on, les populations qui sont des deux côtés de la Bienne. On se demande avec étonnement, quelles sont ces populations auxquelles ce pont promet de si grands avantages : à Nezen, Grand-Serve et Montcusel, pour aller aux marchés ou aux foires de Dortan, car, comme on l'a déjà dit, c'est leur *nec plus altrà*. A la vérité, on y fait intervenir bien d'autres communes, telles que Veysiat, Bouvant, Oyonnax, Arbent, *Viry*, Siéges, Rhien, Lavanciat. On a déjà démontré dans le 1ᵉʳ § de ce Mémoire, que ces communes n'avaient aucun intérêt à ce que le pont fût placé dans un point plutôt que dans l'autre, parce que l'un ou l'autre leur procurait le même avantage, avec cette différence cependant qu'en passant par Jeurre, elles auroient à faire un trajet plus long de huit à dix minutes, mais avec cette différence bien autrement essentielle, qu'elles économiseraient 24000 fr. qu'il faudrait employer à ouvrir une nouvelle route.

Parmi les communes qu'on a affiliées au projet d'Epercy, il en est une qui semble repousser les avantages qu'on lui fait entrevoir ; c'est la commune de Viry. En effet, on remarque qu'un seul témoin de cette commune s'est présenté aux enquêtes. C'est M. Robez, maire, qui, après avoir parlé vaguement des avantages que trouverait sa commune dans l'exécution de ce projet, finit par convenir qu'un pont est nécessaire sur la Bienne; n'importe que ce soit à Jeurre ou à Epercy. Mais cent habitans de cette commune se sont expliqués plus franchement dans une requête à M. le Préfet, dans laquelle il lui font connaître leurs vœux pour le pont de Jeurre, et les motifs qui les y engagent.

Le pont à Epercy favorisera, à ce que nous promettent les actionnaires de ce pont, les communications de Clairvaux, Champagnole et le Grand-Vaux, avec le département de l'Ain ; Lyon, le Dauphiné, le midi de la France et la Savoie méridionale. Mais pourquoi n'y pas faire arriver la Lorraine, l'Alsace, le Doubs, le Jura, la Suisse, au besoin même l'Allemagne. Si le pont à Epercy peut procurer ces grands avantages, le pont à Jeurre peut les procurer aussi.

Il faut, sans doute, ouvrir des communications pour favoriser le commerce, mais on ne voit pas que les industriels d'Oyonnax et de Dortan, eussent à souffrir de la construction du pont à Jeurre, puisqu'il leur ouvre les mêmes communications, et que d'ailleurs les produits de leur industrie s'écoulent généralement sur Saint-Claude.

Mais Saint-Claude..... Saint-Claude ne sera plus qu'un modeste village, Serait-ce là le plan des industriels de Dortan et d'Oyonnax ? On aura peine à le croire, puisqu'il serait contraire à leur intérêt.

« Le pont à Jeurre, disent les actionnaires, ne peut servir qu'à cet » endroit et à la foible population de Vaux et de Chiriat, qui sont d'ail- » leurs voisins du pont de Molinges que l'on traverse sans être soumis » à un péage. »

L'utilité générale d'un pont à Jeurre est trop bien démontrée pour qu'il soit nécessaire d'entrer dans de nouvelles discussions à ce sujet.

Quant au pont de Molinges, c'est une véritable dérision que de le citer comme un moyen de communication.

Le territoire de Molinges, au couchant de la Bienne, est dominé par des montagnes très-élevées dans lesquelles il serait impossible de pratiquer un chemin ; du côté du midi, on ne peut communiquer par ce pont que jusques aux premières granges de Chiriat, et du côté du nord, que jusques au village de Marignat qui est encaissé dans des rochers. Voilà les brillantes communications que peut offrir le pont de Molinges, et c'est par de tels moyens que les actionnaires du pont d'Epercy osent appuyer leur système ! Si on choque la vérité, au moins ne faut-il pas choquer la vraisemblance.

Enfin les opposans s'exaspèrent sur les dangers qu'il y aurait à construire le pont à Jeurre, à raison du peu de solidité du sol et des débordemens de la rivière. Ils s'appitoient plus encore sur la position facheuse où se sont placés les habitans de Jeurre qui se sont engagés à maintenir la rivière dans son lit, de manière à ce qu'elle ne puisse endommager le pont.

Eh bien ! qu'ils se rassurent. Le pont sera construit solidement. M. Monnier y est le premier intéressé. Il est d'ailleurs chargé de l'entretenir pendant la durée de sa concession et de le rendre en bon état d'entretien à l'expiration. Il peut répondre de ses engagemens, et les habitans de Jeurre rempliront scrupuleusement ceux qu'ils se sont imposés, et qui, malgré les insinuations peu *réfléchies* des opposans, ne sont pas au-dessus de leur force.

CONCLUSIONS.

Il est démontré jusqu'à la dernière évidence et par la position topographique des lieux et par les enquêtes, qu'un pont sur la Bienne, placé à Jeurre, pour lier la route de Lons-le-Saunier à celle de Saint-Claude à Lyon, par le nouveau chemin projeté par la ville de Meyrans, offre et réunit tous les avantages sous le rapport de l'intérêt général, sous le rapport de l'intérêt du pays, et sous le rapport des localités ; qu'un pont à Epercy serait inutile à tout le pays , et ne profiterait qu'imparfaitement à quelques communes du département de l'Ain, puisque tout l'avantage qu'elles pourraient y trouver se réduirait à gagner huit à dix minutes d'un trajet plus court, qu'elles n'achèteraient que par des sacrifices considérables pour ouvrir une route périlleuse à travers des rochers , depuis Epercy au moulin Riottier.

M. Monnier et tous les habitans de l'arrondissement , ont donc lieu d'espérer que sa soumission sera agréée par le Gouvernement.

JEAN - LOUIS MONNIER.

MATHIEU , *Conseil.*

SÉANCE EXTRAORDINAIRE

*du Conseil Municipal de la commune de Jeurre,
en date du 12 janvier 1832.*

⟡

A CETTE Séance ont comparu : MM. Xavier BOURBON, maire, Joseph-Marie CLERC, Jean-Louis MONNIER, Pierre-Benoit BOUVIER, Etienne CANIER, François-Marie LÉTIÉVANT, Claude-Joseph DUPARCHY, Jean-François GRILLET, Jean-Antoine BOUVIER, Joseph DUPARCHY, Claude-François PERRET, et François CHAVÉRIAT, conseillers municipaux.

M. le Maire a exposé : que M. le Sous-Préfet de Saint-Claude, dans l'article trois de son arrêté du 3 décembre dernier, rendu sur une requête des sieurs CLERC et consorts, tendante à faire rejeter les demandes, clauses et conditions, notamment celles présentées par M. MONNIER, pour interdire l'établissement d'un pont à Epercy, et le tracé, par cet endroit, de la route projetée de Moyrans à Dortan; à faire déclarer que l'emplacement et la direction de cette route seront fixés de la manière la plus convenable par les pouvoirs compétens; et à faire autoriser les pétitionnaires à remplacer leur bac existant sur la rivière de Bienne, au territoire d'Epercy, par un pont suspendu en fil de fer, moyennant un péage pendant soixante-quinze ans, d'après le tarif joint à la requête.

A décidé : que le conseil municipal de Jeurre serait convoqué immédiatement pour délibérer et émettre un avis motivé sur cette requête, et les soumissions qui s'y rapportent.

Dans une lettre subséquente, en date du 7 du même mois, M. le Sous-Préfet engage M. le Maire à provoquer le vote du nouveau conseil, sur le projet, par M. MONNIER, d'établir un pont à Jeurre, sans entendre ni atténuer les délibérations déjà existantes à ce sujet, ni méconnaître ou repousser les effets qu'elles doivent produire.

M. le Sous-Préfet demande encore, dans la même lettre, qu'il soit posé au conseil la question suivante, avec injonction d'y répondre d'une manière spéciale :

« Si le pont qui serait établi à Jeurre, pourrait être utile, soit aux » habitans d'Epercy, pour exploiter leurs terres au-delà de la rivière de » Bienne, sur le territoire de Lavanciat, soit aux habitans de Lavanciat » et de Dortan, pour exploiter les terres qu'ils possèdent sur le » territoire d'Epercy.»

M. le Maire avait convoqué le conseil municipal pour le 26 décembre dernier, à l'effet de délibérer sur les différens chefs qui viennet d'être retracés, mais la majorité ayant pensé que MM. BOURBON, maire, Joseph-Marie CLERC et MONNIER, intéressés en noms directs et personnels dans l'affaire, ne pouvaient pas assister à la délibération, et sur le refus des deux premiers de se retirer, avait pris l'arrêté dont suit la copie :

« Toute délibération sur la requête du 7 novembre 1831, et acces- » soires, est suspendue, pendant que les pétitionnaires MM. BOURBON, » maire, et Joseph-Marie CLERC, voudront prendre part à cette déli- » bération, ou jusqu'à ce qu'il ait été préalablement décidé par » l'autorité supérieure, qu'ils ont droit à y assister. »

Monsieur le Maire a transmis une expédition de cette délibération à M. le Sous-Préfet qui, le 4 janvier courant, lui a répondu par la lettre suivante :

Monsieur le Maire,

« J'ai lu le procès-verbal du conseil municipal de Jeurre, du 26 dé- » cembre 1831, et il me donne lieu de vous adresser les observations » suivantes :

» L'établissement avec ou sans péage d'un ou plusieurs ponts sur la » partie de la rivière de la Bienne, qui est une dépendance du domaine » de l'Etat, n'est point un droit communal. Or, en administration gé- » nérale, lorsqu'il s'agit d'adopter ou de rejeter une mesure proposée » comme d'utilité publique, l'intérêt plus ou moins direct qui peut en » résulter, soit pour une commune, soit pour un citoyen en particulier,

» ne l'exclut point de manifester son opinion sur cette utilité réelle-
» ~~ment~~ _ou_ imaginaire. Aussi, dans le cas particulier qui nous occupe, l'au-
» torité publique ne demande point le consentement ou le dissentiment,
» soit de la commune de Jeurre en général, soit de chaque section spé-
» ciale de Jeurre ou d'Epercy, en particulier, et pour elles du conseil
» municipal qui représente l'une et l'autre section, comme la commune
» en masse; elle provoque tout simplement la manifestation de l'opinion
» et des observations de tous les intéressés quelconques des communes,
» comme des simples particuliers.

» Dans cet état de choses, vous et le sieur CLERC, comme M. MONNIER,
» pourrez concourir à la délibération du conseil municipal. Le soin qui sera
» pris de mentionner les diverses opinions et l'intérêt plus ou moins direct
» qu'une partie des membres du conseil suppose à quelqu'un d'entre-vous,
» mettra l'autorité publique suffisamment à même d'apprécier les diverses
» opinions qui seront exprimées et les observations qui seront présentées
» sur les différens projets.

» Je vous invite en conséquence à réunir de nouveau le conseil muni-
» cipal, et à lui donner, dès l'ouverture de la séance, lecture de la pré-
» sente lettre, pour ensuite prendre l'avis et les observations du conseil,
» sur les points mentionnés dans ma lettre du 7 décembre 1831, à laquelle
» vous vous conformerez pour le surplus.

» Si la majorité des conseillers municipaux présents à la séance per-
» sistent à refuser de concourir à la délibération, vous en dresserez un
» procès-verbal, dont vous réunirez l'expédition aux pièces du dossier.

» Je rappelle, à cette occasion, que les incidents de forme élevés dans
» une affaire, ne peuvent que retarder l'instruction et la décision, et
» que le parti que je prends de compléter les actes de l'instruction, telle
» qu'elle m'est prescrite par les règlements, est le seul moyen d'arriver
» promptement à une solution définitive. Ainsi les citoyens qui sont
» animés du désir sincère d'arriver au bien, soit qu'ils le voient dans
» le pont exclusif de Jeurre, soit qu'ils le voient dans le double éta-
» blissement à Jeurre et à Epercy, mettront de côté leur opinion per-
» sonnelle sur la forme, pour exprimer avec franchise leur opinion sur le
» forme par toutes les voies que l'autorité publique indique, car il en

» résulte évidemment l'avantage d'abréger les lenteurs de l'instruction,
» sans que le fond du droit en éprouve la moindre altération.

» Agréez, Monsieur le Maire, l'assurance de ma parfaite considération.

» Le Sous-Préfet de l'arrondissement,

» *Signé* HONORÉ COLOMB. »

C'est pour l'exécution de cette dernière décision, que M. le Maire a réuni de nouveau le conseil municipal, et a remis sous ses yeux, outre la lettre transcrite, l'arrêté de M. le Sous-Préfet du 3 décembre 1831, sa lettre du 7 du même mois, la requête du 7 novembre 1831, le tarif qui y est joint, ainsi que les soumissions explicatives et motivées rappelées dans l'arrêté; il a ensuite invité le conseil à délibérer.

M. MONNIER a dit, que quelque fût sa confiance dans la sagesse de M. le Sous-Préfet, il ne pensait pas avoir le droit de délibérer dans sa propre affaire, il s'est retiré.

MM. Xavier BOURBON, maire, et Joseph-Marie CLERC, signataires de la pétition du 7 novembre 1831, et actionnaires du pont projeté à Epercy, sont restés.

Après une discussion contradictoire, le conseil municipal a arrêté la délibération suivante :

Il croit nécessaire de commencer par faire connaître l'impression pénible que lui a causé la dernière décision de M. le Sous-Préfet; dans cet incident comme dans toute autre circonstance, il a fait (le conseil) acte de bon citoyen, animé du désir sincère d'arriver au bien et de procurer une solution prompte et définitive.

Le Conseil municipal sent bien la différence qui existe entre les règles ordinaires de la législation, et les dispositions spéciales qui régissent les demandes d'établissement de ponts avec péage sur une rivière dépendante du domaine de l'Etat; cette différence laisse concevoir pourquoi les concessions accordées, comme une indemnité de frais d'établissement, peuvent s'écarter du droit commun, sans être considérées comme un privilège odieux et nuisible; mais elle ne saurait expliquer comment l'aspirant à la concession peut être admis à prononcer sur ses prétentions.

Lorsque l'autorité publique se met en quête de l'opinion, c'est d'une opinion vraie, impartiale, qui soit l'expression des vœux et des besoins

du

du pays, et non pas d'une opinion factice, qui n'a d'existence que dans l'intérêt individuel.

Comment supposer que l'actionnaire, engagé dans une société dont il n'est plus libre de se retirer, vienne reconnaître ou laisser librement reconnaître que l'objet de l'association est nuisible au pays ?

Et si M. MONNIER se trouvait être le Sous-Préfet de l'arrondissement, lui accorderait-on le privilège de diriger l'instruction et d'en transmettre le résultat à l'autorité supérieure?

Pourquoi donc un maire, un conseiller municipal seraient-ils admis à faire ce qui ne serait pas permis à l'administrateur dont ils sont les subordonnés ?

Ce proverbe aussi expressif que trivial, nul ne peut être juge dans sa propre cause, atteindrait-il tout le monde, excepté MM. les actionnaires et pétitionnaires BOURBON et CLERC ?

Ces observations ne sont point une affaire de pure forme, elles doivent avoir sur le fonds une influence décisive, car l'obstination des actionnaires à vouloir concourir au jugement de leurs propres intérêts, n'a d'autre but que de persuader qu'il y a dissidence dans le conseil, minorité et majorité, tandis qu'il y aurait unanimité, si les délibérants étaient sans autre intérêt que celui du pays.

Il est donc du devoir et de l'honneur du conseil de reconnaître et de constater que la présence et le concours de MM. BOURBON et CLERC, ont nui à la liberté et à l'indépendance de la délibération.

Aussi n'est-ce que par déférence pour les hautes lumières et la sagacité si connue de M. le Sous-Préfet, que le conseil s'est déterminé à prendre cette délibération, mais avec toute réserve de tirer du défaut de liberté telle induction que de droit.

Depuis long-temps, il est reconnu qu'un chemin, qui, au moyen d'un pont sur la Bienne, au-dessous du village de Vaux, lierait les deux grandes routes de Lons-le-Saunier à Saint-Claude, et de Saint-Claude à Lyon, abrégerait et faciliterait les communications des cantons de Moyrans et d'Orgelet, sur la rive droite de la rivière, avec la partie septentrionale

6

de l'arrondissement de Nantua, le canton des Bouchoux et la partie méridionale du canton de Saint-Claude, qui sont sur la rive gauche.

Pour mieux assurer le succès de cet embranchement, il est nécessaire de choisir, pour l'emplacement du pont, le point qui, tout à la fois, sera plus *central* et *plus rapproché* des deux routes. La position de Jeurre offre ce double avantage, et il est impossible d'indiquer un autre point sans augmenter la longueur du trajet.

Mais les frais de premier établissement étaient si considérables qu'ils effrayaient toutes les spéculations, et qu'il n'était pas permis d'espérer que quelqu'un voulût se charger de les faire.

Cependant, les habitans du hameau d'Epercy, qui formaient alors une commune séparée de celle de Jeurre, ont annoncé, à différentes reprises, l'intention d'établir ce pont sur leur territoire, dans un lieu où la rivière, resserrée et contenue par des rochers, laissait plus de facilité et moins de dépense pour la construction.

Mais ce vieux projet a eu le sort d'avorter chaque fois qu'il a été question de le réaliser.

C'est qu'effectivement un pont n'a d'utilité publique, qu'autant qu'il sert à une population nombreuse ou aux débouchés de plusieurs routes.

Et que faire d'un pont à Epercy qui ne compte pas quatre-vingts habitans, et qui est sans aucune espèce de communication avec les routes les plus voisines ?

Ce n'est donc qu'après l'abandon successif de tous les projets pour le pont à Epercy, que M. MONNIER s'est présenté et a offert, non-seulement de construire le pont à Jeurre, mais encore de concourir à la confection du chemin nécessaire pour lier les deux routes.

Ces offres ont tout à fait simplifié l'entreprise : elles ont été acceptées avec empressement et reconnaissance par les communes les plus intéressées à l'exécution, Jeurre et Moyrans.

Aussitôt ces deux communes et quelques-uns des habitans se sont entendus pour ouvrir, à leurs frais, le chemin qui devait joindre les deux routes.

M. MONNIER de son côté s'est en outre chargé seul de la construction du pont à Jeurre.

Mais les soumissions des uns et des autres sont inséparables et indivisibles.

Les créateurs du chemin ne veulent s'obliger qu'autant qu'il sera conduit et dirigé sur le pont de Jeurre.

Le constructeur du pont de Jeurre ne consent à l'établir qu'autant que le chemin y aboutira.

Tous sont maîtres des deniers qu'ils destinent à des travaux aussi dispendieux qu'importans. Ils ne sollicitent et ne quêtent rien de personne.

Il est donc difficile de disposer, malgré eux, de ce qui est leur propriété, et de les empêcher de réaliser une entreprise aussi utile.

Cependant les pétitionnaires du 7 novembre voudraient donner une autre direction à la route d'embranchement, et la faire passer à Epercy.

Ce prolongement de route serait non-seulement onéreux pour la commune de Jeurre, mais nuisible à ses véritables intérêts.

Onéreux, en ce qu'il chargerait la commune de la confection et de l'entretien d'une route sur la rive droite de la Bienne, paralele à celle qui existe déjà sur la rive gauche.

Nuisible à ses véritables intérêts, parce qu'en portant à Epercy le point de jonction, on perd la communication avec tout ce qui est au nord de ce même point.

Inutilement dit-on que c'est une route de Moyrans à Dortan qu'il s'agit de créer, et qu'en la dirigeant par Epercy, on abrége les distances et on diminue les pentes.

Il ne faut pas équivoquer sur les mots ; l'embranchement est destiné à établir une ligne de jonction entre les deux routes, et cette jonction rend plus courtes les communications entre Moirans et Dortan.

Mais les communications se réalisent aussi bien à Jeurre qu'à Epercy ; l'embranchement, en traversant à Epercy comme à Jeurre, n'aboutirait jamais qu'à la route de Saint-Claude à Lyon, qui passe à Dortan.

La diminution supposée de quelques pentés, n'est pas toujours un motif de changer une direction de chemin, autrement il serait facile d'enlever la grande route à un grand nombre de localités où elle passe actuellement, par exemple, à Oyonnax, parce qu'il serait plus court et moins rapide de passer par Bélignat.

Si les habitans de Dortan sont si désireux d'applanir la roideur des pentes, ils ont une belle et bonne occasion de se satisfaire, en rectifiant leur montée de Truchebenate, qui est d'un accès si long et si difficile, et où il arrive si fréquemment des accidens facheux.

Dans le tracé du chemin de Jeurre à Moyrans, la pente la plus rapide n'atteint jamais, ou du moins n'excède pas sept centimètres par mètre. Une proportion plus grande se rencontre souvent dans les routes même départementales, par exemple, dans la route rectifiée du pont de Lizon à Saint-Lupicin.

Les pétitionnaires, en insistant pour abréger de Moyrans à Dortan, n'ont en vue que Dortan, et ne s'aperçoivent pas que les choses seraient inverses pour toutes les populations au nord d'Epercy.

Ils parlent du pont de Molinges comme pouvant servir à Jeurre, mais il est de fait que le chemin sur la rive droite, qui, à parler exactement, n'a d'utilité que pour le port de Molinges, ne dépasse pas les premières maisons des granges de Chiriat. Il ne peut donc pas servir à donner à Jeurre une communication avec la route de Saint-Claude à Lyon.

Ils paraissent s'inquiéter de la solidité d'un pont à Jeurre; il faut cependant bien compter sur la sagesse des ingénieurs et des agens du gouvernement, pour prévoir tous les travaux qui doivent assurer la durée de l'établissement.

Ce n'est pas avec succès, que les pétitionnaires font intervenir dans la lutte le département de l'Ain, Lyon, la Savoie méridionale, le Dauphiné et le midi de la France; comme leurs adversaires pourraient évoquer le Doubs, la Suisse, la Franche-Comté, l'Alsace et l'Allemagne.

Non, il ne s'agit pas ici de ce qu'on appelle réellement un intérêt public et général, et le débat doit être abandonné aux localités intéressées.

Ce qui le démontre sans réplique, c'est que les pétitionnaires, avec cette masse de populations dont ils se disent les organes, avec les cotisations nombreuses dont ils peuvent disposer, hésitent à faire ce que font M. Monnier, une partie de la commune de Jeurre et la commune de Moyrans; c'est qu'en restreignant leurs offres à la construction d'un pont dans un lieu facile, ils sont cependant obligés de demander le même péage qu'à Jeurre, où les dépenses d'établissement seraient trois ou quatre fois plus considérables.

Quel est donc, pour les localités, le point le plus avantageux à l'emplacement du pont? Est-ce à Jeurre? est-ce à Epercy? Telle est la question dont la solution entraîne la direction du chemin d'embranchement.

A qui appartient-il de la mieux comprendre qu'aux communes de Jeurre et de Moyrans?

Quel que soit le point adopté, on ne leur ôte pas la route. Elles ont donc le plus grand intérêt à choisir celui qui doit ouvrir les débouchés les plus étendus et favoriser le plus les communications avec les populations voisines.

Or, l'une et l'autre s'accordent à reconnaître que ce point est à Jeurre.

Et en effet, malgré toutes les allégations contraires, il suffit de connaître les lieux, ou de jeter les yeux sur une carte qui les représente fidèlement, pour comprendre que tout ce qui sera plus bas ou plus au midi que le pont en cet endroit, y arrivera aussi bien par la route actuelle que par Epercy, tandis que personne ne descendra à Epercy pour remonter à Jeurre.

Toutes les attaques des pétitionnaires viennent donc se briser contre la nature des localités, et ce double fait qu'il n'existe pas de ligne plus *centrale et plus courte* pour lier les deux routes, ce qui est le problème à résoudre.

Cette discussion rend plus facile la solution de la question relative à la condition imposée par M. MONNIER, de ne pas construire, pendant la durée de sa concession, de pont à Epercy.

S'il est vrai que l'embranchement projeté doive ouvrir de nouveaux débouchés, il l'est également qu'ils ne sont pas assez considérables pour construire et entretenir deux ponts avec péage, dans la même commune et à des distances aussi peu éloignées que Jeurre et Epercy.

Il faut donc choisir , entre laisser les choses dans l'état où elles sont , ou accepter le projet complet de la jonction de la ligne par Jeurre , avec la condition imposée par M. MONNIER , de ne pas établir de pont à Epercy.

Le choix n'est pas douteux , puisque les pétitionnaires du 7 novembre 1831 , ne s'engagent pas à construire le chemin d'embranchement pour lier les deux routes.

Ces sortes de prohibitions sont assez d'usage dans les concessions de pont. Elles ont eu lieu pour Toirette , Chasey, et pour plusieurs ponts dans la ville de Lyon.

C'est au Gouvernement seul à juger , si , comme le pense le conseil, l'embranchement est assez avantageux aux localités en masse pour entraîner cette prohibition.

Il ne reste plus au conseil qu'à répondre aux dernières demandes de M. le Sous-Préfet.

Non, le pont de Jeurre n'est pas utile aux habitans d'Epercy , de Lavanciat et de Dortan, pour exploiter les propriétés qu'ils auraient dans l'étendue de ces territoires, sur l'un et l'autre côté de la Bienne.

Le pont à Epercy ne pourrait pas non plus servir aux habitans de Vaux et de Jeurre , pour l'exploitation de leurs propriétés , dans leurs territoires sur l'une et l'autre rive.

Mais le territoire d'Epercy ne s'étend pas au-delà de la rivière , tandis que celui de Jeurre est coupé en deux par cette même rivière , et que la commune et les habitans possèdent , de l'autre côté , beaucoup de propriétés particulières et communales, notamment des bois.

Il se peut que les habitans d'Epercy aient des propriétés de l'autre côté de l'eau , sur le territoire de Lavanciat, et que les habitans de Lavanciat et de Dortan aient des propriétés sur le territoire d'Epercy. Ce sont des choses à peu près communes à tous les propriétaires voisins de rivières.

Cette circonstance ne peut donc pas devenir un obstacle à l'homologation du projet de M. MONNIER , puisque outre que la prohibition n'agrave pas la position actuelle et du passé de ces propriétaires, qui ont les mêmes moyens d'exploitation dont ils se servent d'un temps immémorial, c'est qu'elle ne s'étend pas au territoire de Dortan , et il est de fait , que l'on pourrait , sur ce territoire limitrophe de celui d'Epercy, construire aussi facilement qu'à Jeurre , un pont qui offrirait , aux sieurs CLERC et consorts , les mêmes avantages qu'ils prétendent trouver dans l'établissement du pont à Epercy (a).

En conséquence , le conseil pense , à la majorité de neuf membres contre deux (b).

1° Qu'il y a lieu de rejeter toutes les demandes des pétitionnaires du 7 novembre 1831 , dans l'état où elles sont présentées.

2° Que dans les circonstances , il est avantageux , pour la masse des localités , d'accepter le projet de M. MONNIER , pour la construction d'un pont à Jeurre , même avec la prohibition d'un pont à Epercy , en coordonnant cette construction avec l'ouverture d'un chemin pour lier les deux routes de Lons-le-Saunier à Saint-Claude , et de Saint-Claude à Lyon , par le même point de Jeurre.

4° Que la direction de ce chemin ne peut être changée sans le consentement des communes et des particuliers qui en font les frais et fournissent le terrain qu'il doit parcourir.

4° Qu'il n'existe aucun motif de céder des terrains communaux pour une direction ou prolongement de route par Epercy.

Opinion de la minorité.

MM. BOURBON , maire , et Joseph-Marie CLERC , *tous deux actionnaires du pont d'Epercy* , ont dit :

Qu'il est infiniment utile sous tous les rapports que l'intérêt général , comme les intérêts spéciaux des localités se trouvent réunis dans le projet

---

(a) Ce fait , qui ne peut pas être contesté , aurait dû entrer dans la question proposée pour l'instruction par M. le Sous-Préfet , car toute solution négative de sa proposition est insignifiante , dès l'instant que le pont peut être établi , avec les mêmes avantages , sur le territoire de Dortan , et même sur la section d'Epercy , ailleurs qu'au point d'Epercy.

(b) Ces deux derniers membres sont deux actionnaires , les sieurs Bourbon et Clerc.

Notes du Rédact.

qui est toujours à Epercy, qu'il a été question d'établir la communication du département du Jura avec celui de l'Ain, et de construire le pont qui doit servir à cette communication, que le trajet sera beaucoup plus court et moins rapide, que le pont est nécessaire pour les relations journalières des populations d'Epercy, de Montcusel, Grand-Serve, Lavanciat, Rhien et Dortan, et autres populations environnantes, qu'il est urgent d'établir dans l'intérêt de leur agriculture, qu'on ne saurait refuser de remplacer le bac d'Epercy par un pont, que ce pont sera extrêmement solide, que le péage n'en est pas élevé et la concession pas longue, que l'avantage de l'emplacement du pont à Epercy et de la communication et de la direction par cet endroit a déjà été reconnu par l'administration des ponts et chaussées, que les soumissions et engagemens sont d'ailleurs plus avantageux ; que les citoyens qui demandent à réaliser le projet d'un pont audit lieu d'Epercy, ne voulant pas laisser la communication interrompue et qu'ils se sont en conséquence formellement obligés à rétablir ce pont dans tous les cas possibles et à pourvoir au passage, pendant l'interruption, qu'enfin ces citoyens ne demandent aucune garantie ou indemnité pour ce qui ne sera que l'effet des eaux, et qu'en ce cas ils se soumettent même à reconstruire le pont sans aucun changement à la concession.

Repoussons le projet de M. MONNIER, parce qu'il est attaché à des privilèges et qu'il ne présente M. MONNIER, qu'avec conditions injustes, parce qu'on ne peut pas interdire l'établissement d'un pont à Epercy, parce qu'on ne peut pas dire non plus que la route projetée se terminera à Jeurre, et qu'elle ne sera pas tracée par Epercy, parce que le projet de M. MONNIER alonge le trajet d'une demi-lieue, de Moyrans à Dortan, parce que le pont à Jeurre, quelle précaution qu'on prenne, n'offre pas de garantie ou solidité, que la rivière n'a pas dans cet endroit un lit fixé et immuable, que le terrain est sabloneux et mouvant, parce que le pont sera d'un entretien dispendieux ainsi que les travaux à faire autour et à-mont du pont, et qu'il faut envisager la solidité et économie (a) pour le temps à venir, où le pont sera à la charge de l'état, parce que

le pont

(a) *Economie :* Mais n'y a-t-il donc pas de l'économie à abréger la route à ouvrir et à diminuer le nombre des cantonniers ?   *Note du Rédact.*

le pont n'est pas nécessaire à Jeurre, attendu que la rivière y est presque toujours guéable, parce qu'il n'y a jamais eu une barque à voiture sur le territoire de ce village, parce qu'il y a déjà un pont sans péage à Molinges, qui n'est qu'à une petite heure de Jeurre, nous y persistons.

Il n'est pas possible que le pont à Jeurre serve aux habitans d'Epercy, de Lavanciat et de Dortan, pour exploiter leurs terres et biens, qu'ils possèdent respectivement des deux côtés de la Bienne, que ceux de Dortan ont beaucoup de bois en Sisenet, sur le bord occidental de la rivière, et que les habitans des villages précités auraient deux lieues à faire de plus en se servant du pont de Jeurre ; tandis que le pont à Epercy les fait arriver immédiatement sur leurs terrains, que jamais donc ils n'iraient passer à Jeurre, le pont de Jeurre ne servira à rien aux habitans de Montcusel, de Grand-Serve, de Nezen, de Chanciat, pour aller au marché de Dortan et autres parties de l'Ain, tandis que le pont à Epercy leur est essentiel à cette fin, et qu'il peut de même servir pour cela au surplus du canton de Moyrans.

Voici la minutieuse partie des malheurs qui sont arrivés au port d'Épercy. Il y a quarante ans environ, il se trouvait du côté d'Epercy plusieurs personnes qui désiraient de passer la rivière, comme le bateau se trouvait du côté de Lavanciat, il se trouve un nommé Jacques Berger, médecin de Dortan, qui venait de Lavanciat rendre visite à ses malades, les désirants de passer la rivière ont appelé le médecin de les venir passer, M. le Médecin a obéi à leur demande, est venu pour les passer, et il a levé la prot du bateau, et loin de traverser la rivière il est allé en décise lui et le bateau par la rivière en bas, est allé heurter contre des grosses pierres, et en heurtant, M. le Médecin a été jeté dans l'eau et s'est noyé.

Autre accident. Quelques années après est arrivé de même plusieurs personnes se sont trouvées du côté d'Epercy, et le bateau du côté de Lavanciat, les personnes qui désiraient de passer la rivière ont vu venir un nommé Lacroix, de Lavanciat, et l'ont appelé pour les venir passer, Lacroix obéit à leurs ordres, venant de suite pour les passer a levé la prot du bateau pour faire le trajet de traverser la rivière, est arrivé à bon port et embarqué les gens qui désiraient passer la rivière, et en retournant

7

du côté de Lavanciat, non pas aller du côté de Lavanciat, il est allé
en décise, et tout en descendant ils sont allés heurter contre des pierres,
et tout en heurtant le bateau à coulé a fonds par bande, dont il reste
une des bandes du bateau qui dépassait un peu sur l'eau, que les expo-
sans ont cherché à gagner, et ils sont parvenus à se mettre à cheval sur
ladite bande du bateau, position qui n'était pas bonne ni agréable, puisque la bande n'avait que deux pouces d'épaisseur et que l'eau était très-
rapide où il était; l'endroit où il était se nomme les Recourbes, en dessus
du port d'Epercy. Les exposés ont resté en cette triste position, depuis
les neuf heures du matin, jusqu'au coucher du soleil, dont les habitans
d'Epercy se sont réunis pour aller chercher des bois et des mailles pour
faire un petit radeau pour sauver les exposés, c'est ce qui a été fait,
on a fait le petit radeau et on a cherché à le filer avec les mailles, trajet
qui a été pénible à faire, puisqu'on n'a pas réussi de la première fois ni
de la seconde, à cause des eaux qui nous contrariaient, cependant en
répétant l'essai on est parvenu à sauver les exposés, mais le bateau y a
resté, plus tard on a cherché à sortir le bateau de sa position ; la position
où était le bateau, l'eau y était si rapide, que l'eau tenait tellement colé
le bateau contre les pierres que l'on fut obligé d'ateler les bœufs d'Epercy,
et mettre et attacher des mailles au bateau pour faire tirer lesdits attelages, mais rien ne bougea la première fois, on fut obligé d'aller chercher double force, on fut chercher des bœufs à Rhien et à Lavanciat,
et on les attela ensemble, et l'on parvint à sortir le bateau en plusieurs
morceaux l'un après l'autre.

Autre accident arrivé au port d'Epercy, il y a environ cinq ou six ans.
Plusieurs personnes revenant d'une foire de l'Ain, entre autres il s'y trouvait
François Robin, fils de Jean-Pierre, d'Epercy, et plusieurs personnes de
Grand-Serve, ces gens de foire arrivés au port ont embarqué avec les
bestiaux qu'ils menaient. La charge du bateau étant complète on lève
la prot et on se met à traverser la rivière, tout en fesant le trajet on
arrive au milieu de la rivière, François Robin se trouvait y avoir deux
bœufs, qui étaient vicieux, qui cassèrent leur joing, après que le joing
fut cassé, les bœufs se jettèrent par-dessus bandes et firent puiser le
bateau, le bateau étant plein d'eau quoiqu'il y avait plusieurs bateliers
qui ne pouvaient plus se conduire à leur destinée, tout prit l'épouvante

et tout se jetta à l'eau, à l'exception de François Robin, qui resta dans le bateau plein d'eau, dans cet évènement, les bateliers étant à la nage ont parvenu à tout sauver tous ceux qui étaient par l'eau, dont les preuves en restent aux archives des autorités, dont il se trouve parmi les bateliers un nommé Joseph-Marie Clerc, qui en a reçu récompense du Gouvernement, les autres bateliers n'ont rien reçu parce qu'on n'a rien réclamé. Revenons à François Robin qui a décisé avec le bateau plein d'eau. Tout le monde connaissant l'eau savent qu'un pareil équipage plein d'eau n'a plus de force, François Robin faisant sa triste décise est allé heurter avec son équipage contre la roche Brunant, qui est à quelques minutes du port d'Epercy. L'équipage de François Robin, en heurtant contre la roche Brunant, renversa, et Robin fut par-dessous, la providence voulut qu'il survint un flot d'eau qui rapporta François Robin sur la fonçure du bateau; à cette position, ayant perdu la connaissance, va toujours en décise sur la fonçure de son équipage et va s'arrêter plus bas que Dortan, où il se trouva plusieurs individus de Dortan qui se sont aperçus et sont allés au secours de François Robin, avec un bac qu'ils ont pris sur le port de Dortan, et ont embarqué de suite pour le secourir, ils le sont allés prendre sur la fonçure de son équipage, comme mort, et l'ont porté de suite chez M. François Muzy, marchand de bois à Dortan, et on est allé de suite au médecin, pour lui donner les remèdes nécessaires, et on l'a soulagé puisqu'il vit encore. La commune d'Epercy en a été pour la perte du bateau, s'est brisé en descendant.

Autre évènement qui est arrivé au port d'Epercy, il y a environ trois ans, où plusieurs personnes de Grand-Serve et d'Epercy s'y sont embarqués pour traverser la rivière, avec plusieurs têtes de bétail qu'ils ont emmené à la foire. Les bateliers ont levé la prot pour traverser la rivière, et tout en faisant le trajet, il se trouve quelque bétail qui ont remué et se sont jetés par sur bande et on a vu que le bateau allait puiser, plusieurs bateliers avec les habitans d'Epercy se sont jetés à la nage pour allègir le bateau, pour qu'il n'y arrive point de malheur. La précaution des hardis a évité les malheurs qui étaient près d'arriver.

Autre malheur arrivé au port d'Epercy, dans l'automne de 1831. Le nommé Claude-Joseph Robin, et Claude-Joseph Cottet, chargent le bac d'Epercy de balles qui sortaient de la fabrique d'Epercy, le bac étant chargé, ils ont levé la prot pour traverser la rivière, pour mener la charge qu'ils menaient sur le radeau qui était au port du côté de La-vanciat, le dénommé Robin et Cottet, arrivé du côté oriental de la rivière, ont heurté contre les radeaux et ont renversé leur équipage qui est allé par-dessous les radeaux, et les balles se sont éparpillées par la rivière et se sont en allées à la garde de Dieu, et le bateau s'est en Roche-Brunant et sur les Goulettes, les deux bateliers n'ont point eu de mal, puisqu'ils sont pleins de vie.

C'est pourquoi nous prions Messieurs les Autorités d'aviser les évène-mens et malheurs qui nous sont arrivés audit port d'Epercy, pour qu'il leur plaise de nous accorder un pont en remplacement dudit bac d'Epercy.

Fait et délibéré en Conseil le 12 janvier 1832, *Signé* J. M. CLERC, J.-M. CHAVÉRIAT, Ch.-J. DUPARCHY, Claude-Fois PERRET, J.-C. BOUVIER, DUPARCHY, J.-Fois GRILLET, Etienne CANIER, Pierre-Benoit BOUVIER, *adjoint*, LÉTIÉVANT, et BOURBON, *maire*.

Pour extrait conforme :

BOURBON, *maire*.

Nota. Un grand nombre de conseils municipaux ont profité de la session trimestrielle de février, pour délibérer et se prononcer dans le même sens. On connaît déjà les délibérations des villes d'Orgelet, Moyrans et Saint-Claude, celles des communes de Meussiat, Coiron, Lect, Martignat, Villard-Saint-Sauveur, Chaumont, Rognat, Chevry, Ranchette, Vaux-Chiriat, Larrivoire, Vulvoz, Molinges, Chassal, Choux, Coyrière, Coyserette.

Et dans une délibération en date du 8 février, dont une expé-dition a été transmise à M. le Sous-Préfet, le conseil municipal de Jeurre a déclaré révoquer toute délibération précédente qui aurait concédé, même indirectement, des terrains communaux pour le tracé, depuis Jeurre à Epercy, du chemin destiné à lier les deux routes départementales.

LE Tableau des enquêtes fait connaître que le n.º 769 est *bis*, et qu'en conséquence, il a été entendu, dans les deux instructions, 2216 témoignages :

    Dont en faveur du projet par Jeurre........ 1403   }
    Et en faveur des actionnaires d'Epercy...... 813   } 2216.

Les témoignages donnés dans la première instruction et renouvellés à la seconde, sont de 560.

    Dont en faveur de Jeurre......................... 347   }
    Et en faveur d'Epercy............................. 213   } 560.

De sorte que si l'on devait distraire les doubles témoignages dans les deux instructions, il resterait 1656 témoins.

    Dont en faveur de Jeurre........................ 1056   }
    Et en faveur d'Epercy........................... 600   } 1656

Il est vrai qu'un témoin, le 127º de la 1.ʳᵉ enquête et 1708º de la 2.ᵉ, cherche à jeter de la défaveur sur les personnes de Saint-Claude qui ont été entendues, en assurant *que les votes de tous ces Messieurs n'ont d'autres vues aujourd'hui que de complaire à M. Monnier*. Et pour le prouver, il ajoute cette autre assertion contradictoire à la première, que déjà il y a 80 ans, les principaux habitans de la ville de Saint-Claude, et M. le Subdélégué, s'opposèrent à l'exécution du projet qu'avait le Seigneur de Dortan, de construire, à ses frais, une route depuis Moyrans à Dortan.

Si le fait est vrai, alors, comme aujourd'hui Messieurs de Dortan, auraient profité de la route sans en faire les frais; mais le projet du Seigneur était bien différent de celui des actionnaires actuels, c'est une route qu'il voulait ouvrir de Moyrans à Dortan, et non pas un pont qu'il voulait construire à Epercy.

Cependant plus de soixante personnes de Saint-Claude ont déposé, et parmi elles on remarque le Maire de la ville qui est membre du conseil général du département, un adjoint, treize autres conseillers municipaux, trois conseillers d'arrondissement, le juge de paix, le directeur des postes , le garde général des eaux et forêts, trois membres de la chambre consultative de commerce , neuf électeurs d'arrondissement , des officiers de la garde nationale , des avocats , des avoués , des notaires , des négocians , des géomètres , et notamment l'architecte-voyer de l'arrondissement.

Si l'on suppose que M. Monnier , simple conseiller municipal dans la commune de Jeurre , ait pu entraîner de telles personnes , quelle influence n'ont pas dû avoir les 32 actionnaires du pont d'Epercy , notamment ceux qui sont maires, sur les habitans de leurs communes?

Mais le témoin qui s'est donné une ancienne qualité qu'il ne possède plus , sans rappeler la profession qu'il exerce , ne serait-il pas lui-même le beau-père d'un actionnaire?

Croit-il à ce titre inspirer plus de confiance qu'un citoyen dégagé de tout intérêt personnel ; et lui convient-il d'engager la discussion sur le plus ou le moins de complaisance des votes ?

Si la comparaison avec les témoins de Saint-Claude le choque, on peut , sans inconvénient pour Jeurre , l'étendre à tous les votes en général.

On trouve , dans le tableau des témoins qui ont parlé en faveur de Jeurre , *cent vingt-deux personnes* (a) , qui occupent les fonctions , un rang ou l'existence sociale que possèdent les témoins de Saint-Claude.

On n'en découvre que *trente-sept* dans le tableau pour Epercy , même en comptant *les actionnaires et leurs parens les plus rapprochés.*

L'inverse ne change pas ces résultats, et malgré la grande supériorité du nombre en faveur de Jeurre , sur cent soixante témoins qui n'ont pas signé, il n'en est que soixante-six de ceux qui ont déposé pour Jeurre , tandis qu'il en est quatre-vingt-quatorze de ceux qui se sont prononcés pour Epercy.

Mais ce qui est plus remarquable encore que la censure de M. *l'ancien Maire* de Dortan , c'est que *l'adjoint actuel*, M. Joseph-François Clerc, 1129ᵉ témoin , a émis son vote pour que le pont fût placé à Jeurre. Cet

---

(a) On compte parmi elles, 19 maires en exercice, 11 adjoints, 38 conseillers municipaux.

adjoint n'a pu être déterminé que par l'intérêt public, il n'est ni actionnaire ni parent d'actionnaire. Des votes semblables ont encore été
émis par d'autres particuliers de Dortan, Oyonnax, Arbent, etc. etc.

M. l'ancien Maire a basé d'ailleurs sa déposition sur un fait dont il
convient de relever l'inexactitude. Il commence sa seconde déposition (1708ᵉ),
par assurer que M. Monnier a inséré dans sa soumission, la prohibition de
toute espèce de pont sur le territoire d'Epercy.

Non, M. Monnier n'a point inséré cette prohibition générale. Il n'a
exclu ni entendu exclure que le pont au point d'Epercy, et c'est en
cela qu'il y a eu un véritable amendement de sa première soumission.

Aussi la seule question, celle qui doit être décisive pour le Gouvernement, est celle-ci : « Est-il possible de construire sur le territoire de
» Dortan, limitrophe de celui d'Epercy, et qui, dans une grande étendue,
» n'en est séparé que par la rivière, un pont qui, au moyen d'un em-
» branchement, communiquerait à la route de Jeurre à Moyrans! »

Oui, ont dit un grand nombre de témoins!

Oui, ont dit encore les conseils municipaux de Jeurre et de Saint-
Claude, qui ne se sont pas mépris sur l'importance du fait.

Tous ont ajouté : il est aussi facile de construire un pont sur le territoire de Dortan, que sur celui de Jeurre.

Et personne n'a osé contredire. On a cru éluder la difficulté en prêtant
à M. Monnier un langage et des intentions qui ne lui appartiennent pas
et qu'il repousse.

Saint-Claude, Imprimerie d'ENARD.

www.ingramcontent.com/pod-product-compliance
Lightning Source LLC
LaVergne TN
LVHW022016080426
835513LV00009B/746